DISSERTATIONS AND PROJECT REPORTS A STEP BY STEP GUIDE

(英) 斯特拉 · 科特雷尔 著
于芳 译

辽宁省版权局著作权合同登记号：图字06-2014-78号

图书在版编目（CIP）数据

学位论文和研究报告写作技巧：渐进式指南 / （英）科特雷尔（Cottrell,S.）著；于芳译．
—大连：东北财经大学出版社，2015.10
（帕尔格雷夫研究技巧系列）
ISBN 978-7-5654-1986-7

Ⅰ．学…　Ⅱ．①科…②于…　Ⅲ．①学位论文-写作 ②研究报告-写作　Ⅳ．G643.8

中国版本图书馆CIP数据核字（2015）第138602号

东北财经大学出版社出版发行
　　大连市黑石礁尖山街217号　邮政编码　116025
　　教学支持：（0411）84710309
　　营 销 部：（0411）84710711
　　总 编 室：（0411）84710523
　　网　　址：http：//www．dufep．cn
　　读者信箱：dufep @ dufe．edu．cn
大连永盛印业有限公司印刷

幅面尺寸：170mm×240mm　字数：350千字　印张：16 3/4　插页：1
2015年10月第1版　　2015年10月第1次印刷
责任编辑：李 季 吉 扬　　责任校对：刘 洋
封面设计：冀贵收　　版式设计：钟福建
定价：42.00元

译者序

学位论文和研究报告对于大学即将毕业和初次从事学术研究的人来说，重要性自不必谈，挑战和压力更会让人整日忧心不已。如何化压力为动力，如何克服写作研究中的恐惧和焦虑情绪，及渐进式分解并完成任务，斯特拉·科特雷尔在《学位论文和研究报告写作技巧》这本书中给广大读者提出了巧妙实用的见解和忠告，一步一步引导着读者走向胜利的彼岸。

本书的作者采用项目管理的方法来管理论文写作和研究报告这样的大任务，把大项目分成准备和规划—选题—从事你的研究—撰写四个阶段，每个阶段再分解成若干个小任务。在完成每个小任务时，作者全面介绍了所需技能、挑战、学生案例、写作建议、尽可能避免的问题和最终审计。在每个章节中，作者都列出完成任务所要做的一览表，每一章的最后都对之前所提出的任务要求做概括性的总结和审计。整本书的框架设计清楚明了，非常具有操作性和实用性。作者的思维严谨，布局缜密，书中穿插的图片幽默风趣，在轻松愉悦的氛围中，作者不仅仅传授了写作方法，更为重要的是教会大家如何思考，无论你从事哪个学术领域的研究，都会从中领会研究最基本的要求——精心计划、合理构建观点、用准确并有说服力的论据和简明连贯的语言证明观点，在规定的时间内完成一篇优秀的论文。

受邀翻译这本书伊始，我既兴奋又忐忑：兴奋的是这样一部内容翔实、构思巧妙的作品必将为广大读者带来无限的裨益，忐忑的是我是否能准确传神地把作者的良好意愿原原本本呈现出来。压力如影随形，丝毫不敢懈怠。尽管译者始终谨慎动笔，仔细求证，但因个人水平有限，翻译中难免还会存在疏漏，恳请广大读者提出宝贵意见和建议。

最后要感谢东北财经大学出版社各位同仁的帮助，感谢各位在翻译和审校等环节的辛勤付出。感谢我的家人对我的支持。

于芳

大连外国语大学

2015年5月于大连

目 录

引言

一次机会……

几乎所有硕士和博士的课程都要求学生完成一项较大型的、以研究为基础的任务。这可能是最后一整年的项目，一个深入的案例研究，一个长篇文章或学位论文。虽然一开始，学生们可能会对能否完成任务忐忑不安，但到最后，他们通常会很高兴自己有这样一个机会来深入地研究某个话题。他们常常为自己已经完成了这样一个重要的任务而感到骄傲，为创作了一个完全属于自己的原创作品而感到自豪。

一个艰巨的挑战……?

学生在着手研究这些项目时，经常会感到惶恐不安，尤其是这关系到期末成绩或学位分级的高低。如果你感到焦虑，接下来的内容将不会让你感到孤独无助。这时，你所需要做的就是对论文写作进行逐步指导。

一次愉快的经历……

Joel的理念就是始终把工作和娱乐结合起来

总的来说，大型任务常常是课程中最有趣的部分。对此，学生们给出的理由各有不同，但都包括以下因素：

- 能创造出自己的东西
- 挑战高水平，感受智力的延伸——真正地开发自己的大脑
- 有权利选择研究方向
- 有机会专注于最喜欢的话题
- 有更多的机会用自己的方式进行研究
- 做一些完全不同的事情，比如在一个新环境中工作，将研究和就业联系起来，或者融入新资源
- 将早期研究中所获得的技能应用到新任务中，认识到自己收获了什么
- 能感受到在某方面拥有一定专长的自豪

0.1 这本书适合我吗？

对你来说，以下表述是否成立？

- 我正在为获取高级资格进行一项大型任务（学位论文、长篇文章、研究项目）。
- 这项任务将涉及大量的独立研究。
- 我或多或少地被任务的规模吓到了。
- 我不知道从哪里开始。
- 我需要获得进一步的指导来进行这项任务。
- 我想保证我的研究方法是正确的。
- 我想以一种有组织、系统性的方式来着手进行这项任务，把它作为一个管理过程。
- 我会发现使用循序渐进的方法是有帮助的。
- 我会发现用详细的目录来帮助我持续追踪自己的研究进度是有用的。
- 我会发现通过所提供的工具来帮助我构建对这项任务的认识以及思考自己需要做什么是有帮助的。
- 我会发现获取完成类似任务的其他同学的经验和处理方法是有价值的。

你可能不会完全认同以上所有表述，也不可能所有表述都适用于你。但是，你的回答可以帮助你探寻这本书是否适合你。如果其中有一条或更多的表述适用于你，那么这本书就可能对你有所裨益。接下来，请看看这本书的写作目的。

写作目的

如果以下列出的写作目的吸引了你，那么这本书就是为你而写的。

请在适用于你的那一条前打☑。

本书的目的是：

- ☐ 帮助你尽可能地以一种有组织、无压力的方式来管理你的研究项目或论文。
- ☐ 帮助你全面地将这一较大型、复杂的任务产出过程概念化。
- ☐ 通过提供一个循序渐进的项目管理方法，帮助你完成整个过程。
- ☐ 帮助你阐明在你的领域中哪些因素可以成就一篇好的论文或研究项目。
- ☐ 帮助你了解学生们经常出错的地方，借此你可以思考一下自己将如何避免类似情况。
- ☐ 通过提示，帮助你组织对任务的思考。
- ☐ 通过提供一系列目录，帮助你追踪自己的进度，以便清楚地了解你必须要做的事情、已经完成的事情以及仍有待完成的事情。
- ☐ 通过提供工具和指导，帮助你有效地处理可能出现的各种小问题和小状况。
- ☐ 帮助你安排项目截止时间并按时完成任务。
- ☐ 帮助你有效地处理和导师之间的关系。
- ☐ 帮助你应对工作的高峰期和低谷期。
- ☐ 帮助你树立信心，相信自己可以成功地完成如此大型的任务。

0.2 真正的挑战在哪里?

学生们有时可能会担心凭借自己的学术技能能否完成一项这么大的任务。然而，在实践中，到目前这个学习阶段，你应该对自己的学术工作做好合理的准备，你的课程也可能给你提供了一些专业技能。通常情况下，与学术工作水平相比，以下问题更具有挑战性。

1. 控制任务的规模和复杂程度——将任务的整体结构和所有细节铭记于心并将其整合在一起。

2. 任务的“项目性质”——尤其是你还不习惯全程地系统性地控制任务的规模和复杂度。

3. 正确认识和对待早期阶段

选择合适的项目——详细的前期准备工作很重要，但我们很容易低估它的重要性。做好前期工作并找到一个可行的原创项目会不断地激发你的动力。

4. 持续追踪你的进度——在这么长的一段时间里，你要考虑许多不同的方面，要核查或记住要去做很多小事情。

5. 深入思考和反思——要深入地思考和反思处理这项任务的方方面面。

6. 独立学习——并能够从别人那里找到学习的方法——大部分时间你都在独自工作，所以你很难知道自己的经历在别人的工作中是否具有代表性，很难了解别人是怎么处理类似问题的。独自应对困难也是个问题。

7. 对自己负责并管理自己——当你意识到在你着手工作前有多少任务通常已经做好或安排好，你可能会感到震惊，而现在，你必须自己亲自来做这些事。特别具有挑战性的是，你要不断地激发自己的积极性并保持自律；对待任务时要有紧迫感，同时也要有平衡观。

反思:挑战

- 你认为在你的论文或项目写作中会遇到以上哪些挑战?
- 应对这些挑战你有哪些初步的想法?

0.3 促成研究的关键因素

本书的目的是为了更好地帮助学生解决下面所提到的各种挑战。以下列举的关键因素反映了这一目标。

1. 控制规模和复杂性

结构

本书的设计是为了帮助你用一种尽可能简单的方法来构思和处理一项复杂的任务。它分为四个主要部分，其中每一部分都涉及任务的一个关键阶段：

1. 准备和规划
2. 选题
3. 从事你的研究
4. 撰写

这将有助于阐明任务中所涉及的内容，强调一些经常被忽视的重要方面。本书每一页的页脚都标明了你目前在哪一阶段。

这四个部分或四个阶段都是非常重要的。尽管如此，人们会很自然地想要跨越到第三个阶段，直接开始搜集信息——有些学生发现他们最容易将几乎整个任务的所有时间都放在这一阶段中。然而，有些人，尽管不情愿，必须被生拉硬拽出来，去首先考虑其他阶段的任务。

大家都想很快地完成准备、规划和提案阶段，希望在这些阶段不要出现任何问题。然而，这四个部分都值得我们认真关注。与此相关的更多的细节请参看本书第一部分。

解释说明

这四个部分之前各有一个简短的引言部分，为你提供该阶段的概述。对具体步骤的目的和依据的解释说明会在正文的相关点处进行介绍。

“一口一口吃掉”，循序渐进

本书将任务的每个部分分解成可操作的各个阶段和步骤。这有助于集中思考，使整个项目更易于处理。

2.项目管理

对于任何一项大型任务，包括论文，采取“项目管理”的方法是很有用的。因为“过程”既是完成任务的重要方面，本身也是亟须被管理的一项任务。

由于大多数学生对此都没有经验，本书将全面地引导你完成项目管理中的关键步骤，包括制定过程中的各个步骤，确定各部分任务，追踪进度，安排日程，辨别风险，以及管理资源。

3.正确认识和对待早期阶段

对于较长期的任务，考虑规划和准备的早期阶段就尤为重要。因为任务越大，以下方面的困难就越多：

- 将其概念化为一个整体
- 记住不同的活动和信息
- 找到最好的方法把零碎的东西整合
- 记住你何时需要做什么
- 如果你在一个错误的方向上渐行渐远，那么重新开始

前面是死路一条，
Miranda 却还不知晓！

相反，如果很好地安排了早期阶段，你就为完成自己的任务打下了良好的基础。所以，本书的一个主要特点是一再强调：

- 深入阐述任务的确切性质——你需要做什么，为什么做，如何做
- 选择最好的话题：一个欠佳的提案会让你困难重重
- 在选定一个提案前，考虑和尝试一下不同的选择
- 在进行下一步之前，深入完善你的提案，以防在接下来的工作中出现意外问题

4.持续追踪:一览表

由于要决定、同时兼顾、计划和记住许多事情，所以，很有必要建立一个完善的系统，来持续追踪已经完成的事情和仍然需要做的事情。为此，本书将提供详细的目录和其他工具，来帮助你在任务的各个阶段追踪进度。

5.有组织的反思

本书的一个独特之处在于它提供了目录和提示来组织和激发学生对任务的重要方面进行积极的反思。这些方面包括构建研究和任务的因素、分析调研文章和安排时间。

此外，在许多方面，本书摒弃了文字段落的方式，而以目录、提示和其他组织工具的形式，为你提供需要考虑的信息。这可以协助思维过程，也可以帮助你确认是否已经将所有方面都完全囊括。

6.向别人学习

我们可以从别人的经历中发现很多捷径，包括同学的和老师的。在本书中，你会发现许多从别人那里汇集的深刻见解，来帮助你应对在完成大型任务的过程中那些典型的挑战。

7.自我管理

较大型的任务需要非凡的自我管理能力，包括安排和协调时间，保持和他人的联系，处理和导师的关系，以及建立正确的思维模式来完成工作。作为研究过程的一部分，自我管理技能通常没有被明确地探讨，但它却对你如何取得成功具有重大影响。我们将会在本书第一部分探讨这一问题，带你走上正确的研究之路。

0.4 如何使用本书

顺序

本书采用循序渐进的方法，因此从第1章开始，按顺序依次进入下面几章。一旦你形成了这个过程的意识，可以决定后面哪些章节是与你的任务相关的，并以什么样的顺序来完成。随着项目的进行，再回到前面的步骤来加以巩固和调整。

术语

由于各种任务的叫法不一致，为了防止在本书中的重复使用，像“研究项目（research project）”、“任务(assignment)”、“你的工作(your work)”这样的术语可以适用于各种形式的大型项目。无论称谓是什么，大多数的研究材料都是与研究任务相关的。

坚持记录项目日志

用项目日志的方式来记录你的想法，并把它们记录在固定的地方，是一件非常有益的事。你可以很容易地找到它们，检查是否如你所愿，已经解决了所有问题，并在项目过程中回头看看你已经完成了多少。

你可以采用任何适合你的形式，除非你的研究过程有一些特定的要求。例如：

- 将你对问题的回答和对后面章节的反思保存在电脑、相机、或数码录音机上
- 将“待办事项”保存在移动设备上
- 将想法、目录和观点记录在普通的笔记本上
- 写反思日记或博客来阐述你的想法，但在任务被提交之前，要小心这些记录被公开

在做项目日志时，哪些细节值得记录，要靠你自己来决定。

选择使用什么

本书提供了很多工具来帮助你有效地思考，反省和组织你自己的任务。

不是所有的工具都是你需要的，所以选择你认为最相关的。在一览表上划掉那些不适用于你的项目的选项。如果某个目录不是很适合你，你可以在它的基础上设计属于自己的目录。

确定你的技能要求

你已经具备的学术技能……

通过之前的研究，你可能已经获得并具备了一系列的相关技能。然而，你可能会发现“我是否具有恰当的技能”中的自我评价是很有用的,特别是在以下情况下：

- 如果你在之前的研究上存在困难
- 或者如果你先前的正规教育和即将开始的研究之间存在差距

这可以帮助你确认，在投入研究之前你是否会恢复你潜在的技能。你可以借助于一本权威的研究技能的书，尝试做一下，见 Cottrell (2013)。

论文或项目所需要得更高水平的技能

利用前面所谈到的技能审核，思考这一高层次的研究所需要的技能。弄清楚：

- 你的优势，这可能会增强你完成任务的信心
- 利用本书和其他资源进行跟进的具体方面
- 即刻要开展的事项

第一部分　准备和规划

成功的秘诀

一个研究项目的成功秘诀在于其准备阶段。这意味着：

- 检查你是否与你的导师和评审者共享——一个设想——你要着手做什么，为什么要做
- 对所期待的任务和要传达的内容有扎实的了解
- 详细的规划和决策

大家都想快速地完成早期的准备工作，想当然地认为准备工作要么就很简单，要么就很难，如果难的话就没必要再浪费时间了。很多学生都想在这一阶段走捷径，但通常不会有很好的效果。花一定的时间合理准备是非常有价值的，它可以：

- 树立自信
- 避免一些问题和压力
- 更有效地利用时间
- 创造时间去思考
- 将其他事物融入你的生活
- 能够享受这个过程

个人的努力

一个长期的研究项目，即使是为了某个客户而进行的，也可以做成一项个人的事业。不同于以往的任务，在很大程度上，你是你自己的老师、顾问、支持者和向导。你要对自己的大部分时间负责，你必须清楚地知道哪些东西对你有用，哪些没用。你可以借鉴别人的经验，但最终如何通过这些经验计划你自己的路，由你决定。

第一部分的目录

第一部分介绍了更广阔的规划背景，解决了学生们在其第一次大型任务中所要面临的许多基本问题。

学生们如是说……

我认为我可能会在这个阶段花费尽可能少的时间。我所需要做的就是选择一个题目，读一些东西，其他一切都会井井有条。这样计划很糟糕!

我下定决心要研究这个课题。我不想把注意力集中在我要如何去找到一些我需要的又鲜有人知的材料上，以及我的导师能否给我帮助。

我读过一些论文，但我不知道它们是好还是坏。我猜想其他人看完都会有自己的见地。我不想让任何人知道我看不懂。

我不想见到我的导师。我不想让她质疑我的想法，或者是告诉我那些东西可能没有用。我能够看出哪些地方可能有问题，但我不想被她叫停。我想如果我能继续做下去，我将会证明我的观点。

仅仅第1章，我就写了大约55稿!其中可能有一个或者两个有非常大的改动，这就足够了。最终，我发现我的想法没有清楚地表达出来，很凌乱。我不太清楚我在做什么，我只是很喜欢阅读关于这个课题的东西。

我感觉这好像是段非常孤独、异常无助的经历。我开始担心自己胜任不了。我一开始幻想着——一个真正的研究者会知道所有事情，并满足于做研究。我没有见过其他同学，所以不知道他们是否有同样的感受。

我很害怕让自己失望，万一被人发现我会感到很尴尬。我不想问问题，那样我会觉得我不能自己一个人完成研究。我没有意识到在合适的时间问问题是别人期望你做的事。

我的导师是在这个领域享誉国际的专家。我再回头看时，我都不敢相信我做过如此骇人听闻的事。我第一次见到他时，想给他留下深刻的印象，让他知道我的想法是多么棒。然而后来当我的论文开始做不下去时，我都不好意思回去看他或问他建议。

我的工作没什么组织性，我甚至都做不好导师的主题研讨会。我失去了与别人的联系，就好像是在真空中工作一样。我受够了，我要停下来。

 我一直很自然地以为写论文就是“写”。当导师问我论文相关工作的时候我好像呆住了。也许思考一下如何去完成所有事情是很有用的，但是我真的不能集中精力去想这件事。		 我不知道从哪里开始，所以我还没有开始！
	反思：向他人学习 ● 你能从这些同学对其研究经历的反思中学到什么？ ● 他们的反思能促使你在项目开始时采取哪些措施？	

第1章

“从哪儿入手？”

在某种程度上，答案取决于你是否决定好要调研什么。

知道你想要研究什么吗？

如果你很清楚，最好立刻开始收集论证材料。然而，这样做之前，停下来思考以下问题：

- 一系列的题目范围，确保你的选题是正确的
- 完成和管理大型任务的独特技能和要求

（请参见下文“奠定良好的基础”）

尚未决定题目吗?

如果你还不知道你想研究什么，不要太在意，这很常见。要开始了解这个工作的程序。第9章提供了一些思路可以帮助您选择一个主题。

三个基础(3+2)

研究工作包括三个基本组成部分：

1. 问题

2. 解决问题的方法

3. 发现

虽然这个摘要掩盖了研究工作的复杂性，但是它可以帮助我们返回到论文的基础部分，明确任务。如果你开始迷失方向，它会帮助你重新调整你的思路。

另外两个部分……（3+2）

除了上面三个基本组成部分，还应该再加两个。

4. 意义。为什么这个题目很重要？有什么相关性？

5. 撰写。与他人沟通你的研究并开放审议。

1.1 奠定良好的基础

通常来说，构建一个研究项目要打好坚实的基础，而不能不假思索地着手进行。如下一些关键的方面需要考虑。

获取“成果意识”

在着手之前，要对你所调研的项目培养一种“最终成果”意识，这样你就很可能成功。(参看第2章和第7章)

整理思路

任务不一定要依次按顺序完成。从下面的“任务概要”中可以看出，你可能在完成某项任务之前就要开始新的任务。

这意味着下面的事情很重要：

- 明确步骤
- 理清最佳的顺序
- 利用一览表和图表使工作有序进行

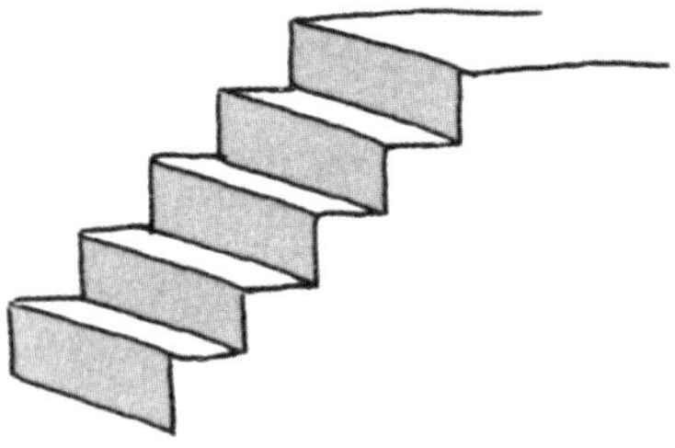

获得“过程整体意识”

从A到B到C

这有很多好处。

- 你会知道下一步要做什么。
- 帮助你掌控整个过程，使工作具有连贯性。
- 帮助你明确哪个环节要展开特点的任务。
- 帮助你用最佳的顺序安排任务。

构建阶段意识

整个工作过程确实很复杂，因为需要考虑的地方太多了。因此要从任务的基础开始，加深对多层任务了解，从而构建阶段意识。

- 从基础3+2开始。
- 了解任务概要。
- 设计更详细的概要。
- 开始考虑基础过程相关的复杂问题。
- 更详细地了解每项任务要求做什么。
- 掌握项目的计划程序 (第3章)。

安排时间——尽可能快

- 现在就开始工作：不要等到最后一刻，时间总是匆匆流走。
- 详细制定整个工作程序 (参看第3章)。

自我管理

大部分的工作将要依靠你的自主学习，所以自我管理是完成任务一个非常重要的因素，而这常常被忽视。你要考虑如何掌控如下这些方面——孤独、动机、保持势头、获得灵感和同他人保持联系。

1.2 任务概要

第3章着眼于管理你的任务，将详细介绍任务管理的一系列步骤。这时，我们需要了解任务的四大主要部分及你将如何进行每一部分的工作。

下面表格的左边是任务的四个主要部分，包括从计划到撰写。括号内的数字表示它们与下文中提到的“3+2”的关系。

右边展示了四个主要组成部分之间相互关联的大概的轮廓，每部分的比例和所需时间。每个部分也规划了时间段，依照这个安排，你将了解在什么时间做什么工作。

部分	开始……………………………………………………………结束		
准备 准备有序才能做好工作管理实际任务	准备和计划		
选题 选定题目和如何完成题目 (1, 2, 4, 5)	**选题**		

调研 依据题目寻求答案 (2 和 3)	**向导**	**调研**	
撰写 向他人报告你的选题、解决方法和这一选题的意义 (1-5)		**撰写**	

以下是一个典型的以研究为基础的任务概述。这本书分成四部分，任务是按照这四部分展开的。当你工作时，你会发现你将不是单纯地按照时间顺序进行，而是穿梭在四个不同的阶段。

准备和计划 ↓	选题 ↓	调研 ↓	撰写/演示 ↓
别着急展开工作，先确定好方向，理清整个工作的顺序	开始文献综述；阅读和思考潜在选题的资料	调整你的思维，研究的问题和方法；与你的导师一起提出重大变化	写论文的前言部分——你的研究要回答什么问题？为什么？
构架成果意识和过程意识：阅读你这一领域的实例	思考每个潜在课题的可行性	建立收集数据所需要的条件	完成你的文献综述，说明你的研究是构建在以前的研究基础上
掌握如何项目管理	缩小选择，着重一个题目；明确研究问题或假设	收集你的原材料，如文件，文本，数据	写明你的研究方法——你将如何实现你的研究成果？
彻底了解任务摘要	设计你的调研：你将如何回答问题或检测假设？	精确记录你做的工作	表明研究结果：用文字、表格或图表总结研究发现
做调查；找到你感兴趣的领域；列出备选课题	回顾文献并记录。广泛阅读，注意引文和参考资料的细节	精确记录发生的事和你的发现；与之前的研究和理论对比	讨论你的研究发现，进行批判性分析；说明它的意义和出现的问题
与导师联系沟通	完善你的问题，决定你的研究途径和方法；确保项目是可行的、符合道德的并符合摘要	组织你的材料或数据，这样你可以看到你有什么发现	得出结论，综合你的发现和以前的研究
自我管理：思考如何步入工作轨道	准备材料和记录表格；试用相关的方法和材料	参考以前的研究确保你的发现有意义	写论文其他部分如摘要、参考文献和附录
构建支撑力量去获取：灵感；社会联系；动力	与导师讨论你的选题	选择最显著地发现和实例	调整你的草稿至流畅清晰
开始定制时间表	完成你的选题；如果需要的话提交正式批准	整理你的研究明确观点	如果需要的话，准备答辩或演示

1.3 基础VS.复杂性

在前面，笔者提出了完成大规模任务的3+2的基本操作步骤，然而在实践中，经验告诉我们工作将会异常复杂，困难重重。以下就是学生们所经历的相关的实际经验。

基础操作3+2 ——问题的实质	复杂性 ——学生的实际经历
1. 问题:你想研究什么问题?	“在决定好所选题目之前,我好像有好多需要理清的东西。” “我没有什么特别的选题方向。” “我有很多的选题方向:该选哪一个呢?” “我有一个很棒的题目,可我的导师说不可行。” “如果我不了解现在的研究现状,我如何选题? “如果你还没有题目,如何着手去找一个?” “多‘大’的问题需要我得花这么长的时间研究它?”
2. 解决问题的方式:研究方法	“演讲确实谈到了研究方法;但我只关注什么发现了什么而不是如何……” “过去做项目或实验他们给我列一个提纲,但对于这项任务,我完全要自己来设计……” “我不明白为什么我不能问朋友和家人对这个题目的看法——他们会很乐意帮助。我不喜欢陌生人参与到我的项目中来。” “我自己有很棒的想法:为什么要运用其他人的理论?” “读多少材料够呢?” “方法论?方法?区别是什么?”
3. 发现	“‘研究发现’听起来很短,但似乎需要大量的分析和讨论……” “什么样的发现需要1 000字来写?” “如果我的发现不正确怎么办?” “我正在调查一个课题,‘问题’和‘回答’是怎样的?”
4. 意义:“那又如何”	“我已经阐释了问题,但它意味着什么?” “我已经发现了问题发生的原因,但这引发了更多的问题。” “这是否与在同一领域的其他研究人员有任何相关性?” “我做了这个惊人的发现,但这有没有任何实际应用呢?” “这个发现能改变什么吗?跟已经发表的其他研究相比,它如此地渺小。”
5. 撰写	“我有大量的素材,但是怎么才能把它们连贯地组织起来?” “我知道研究结果,但要落在笔头上似乎比研究更难。” “我只写了一半,就已经词穷了……”

1.4 我具备恰当的研究技能吗?

目前准备得如何?

考虑到所列举的工作的复杂性，你可能会疑惑你是否具有了必要的技能。可现实通常是你确实具有了大量的相关技能和经验：因为你所学的课程通常是经过精心设计以确保以前的任务和当前的课程为这个层面的挑战提供一个良好的基础。

如果在下面所列举的项目中，大多数你都能打☑的话，就说明你具备了完成这项任务的能力。

先前的学术经验：

通常情况下，你现在已经：

☐ 完成了许多小型任务
☐ 具备了一系列的研究技能
☐ 获取了独立研究的技能
☐ 在这一领域建立了知识储备
☐ 熟悉你这一领域广泛的理论框架
☐ 被推荐到专业期刊或文本
☐ 知道你这一领域中如何收集论据，并对论据如何审查监督
☐ 了解这一领域中专家的研究方法

以现有的研究技能为基础

任何一个更高层次的研究都意味着更多的困难和复杂性。这意味着你将以曾经的研究技巧为基础，进一步微调提高使其适应新的任务。

在早期阶段的研究，很多你需要具备的技能适用于大多数类型的研究。但当你的研究进入一个更高的水平，与你的学术研究相关的技能往往变得不通用了，越来越专业化。

然而，针对大型研究任务有一些最常见的策略和方法。他们通常不会在这一阶段的课堂教学中被详细介绍，因为人们认为这些策略和方法会随着先前的学术研究不断被激发出来。然而，许多人仍然对这些技能不了解，甚至不清楚需要做什么，希望获得一个指引帮助弄清楚任务的要求。

专业研究技能

每一个学科关注于知识领域的一个特定分支并研究特定类型的问题。每个研究以不同类型的原始材料或原始数据为依据，采用不同的方法和技术来发现、分析和使用论据。

在这些特定学科领域学会如何思考和工作将成为你课程的一部分。你可能会获得如下的指导：

- 与你学科相关的伦理问题
- 识别高质量的文献、材料或数据
- 用合理的方式收集数据
- 诠释文献、材料和数据
- 相关的统计方法

- 使用统计软件包
- 运用专业的设备
- 用适合学科文化的方式报告你的发现 或撰写你的材料

你可能在论文或项目确定的时候了解这些技能。如果没有的话，你可能需要一本专门的书去详细了解你的研究领域所需要的方法。

通常情况下，当你的大规模任务确定时刻表的时候，你已经通过早期的小型任务获得了良好的技能和知识储备。如果你能相当自信地在下面所列举的大多数项目中打☑的话，就可以信心满满地开始工作了。

1. 自我管理技能

☐ 知道你能如何和何时最高效地学习，并组织安排你的研究
☐ 使研究个性化，发挥优势和特长
☐ 保持动力
☐ 设置优先级
☐ 使自己有规划
☐ 灵活和良好的应对策略
☐ 有需要时寻求支持和帮助

2. 学术技能

☐ 了解适用于你的领域的学术惯例
☐ 网上搜索
☐ 运用良好的阅读技巧和合理的速度去阅读
☐ 使用批判性思维技能分析阅读材料和数据
☐ 解释并提出数值数据
☐ 识别给力的证据
☐ 阅读时做相关的笔记
☐ 综合分析多渠道信息
☐ 用论据支撑得出合理的推理
☐ 构建你的思维，组织概念
☐ 写作时组织你的想法
☐ 清楚和准确地写一篇学术文章
☐ 正确引用和参考文献

3. 人际能力

☐ 为他人提供帮助，并能在不允许的条件下不与他人共享你的研究
☐ 积极参与小组研讨和课堂活动
☐ 向特定的听众如导师或其他同学展示信息

☐ 回答有关你研究的问题

4. **任务管理**

☐ 理解任务题目的重要性

☐ 能够识别题目中隐含的问题，以及题目所提出的关键问题

☐ 生产出与任务题目或问题密切相关的文件

☐ 识别任务的组成部分

☐ 管理时间按期完成任务

☐ 展示任务要求的数字和图表

☐ 按指定的格式构建你的写作

☐ 按要求的样式和格式写作

☐ 调整编辑草稿，检查错误并改正

如果我需要开发这些技能？

随着你研究的进行，这些技能会不断地得到开发和提高。然而你最好在这项大型任务开始之前就已经具备了良好的技能储备。

如果这些研究技能对你来说是陌生的，或者你最近的研究上有空白，觉得这些技能可能会很生疏，请参看 Cottrell(2013)，*The Study Skills Handbook*《学习技巧手册》，来帮助你开始。

1.5 我需要开发什么技能？

我需要什么样的技能？

大型任务要求是很高的，无论是字数、操作规模、阅读量、思维深度还是研究质量上。这要求你不仅需要调整现有的技能，如下面所列出的，而且需要学习新的技能，包括学术技能到项目管理。

研究之路困难重重，你的各项技能都面临着严峻的挑战。这意味着你不仅仅要具备良好的学术技能，还要做好全方面的准备，一直坚持不懈怠。

1. 自我管理技能

自我管理是顺利完成一项大型任务的关键，但往往最易被轻视和忽略。能否很好地自我管理往往是成败的关键，它涉及一系列的技能：

（a）保持正确的心态

（b）保持强烈的动机

（c）培养你的好奇心

（d）有效地管理时间

2.学术技能

对于研究任务，通用的技能包括：

(a) 能够广泛地阅读和明智地选择，以帮助开发专家知识库

(b) 知道什么是合适的话题

(c) 在学科领域中很好地运用现有理论、研究方法和知识

(d) 能够有效地综合分析

(e) 使方法呈现系统性

(f) 批判地思考自己的研究

(g) 把信息转化为知识

(h) 使用合适的规范书面撰写研究

(i) 讨论研究、回答相关问题，如参加答辩

3.人际技能

虽然你的任务将涉及大量的独立研究，但它也需要良好的“人际”交往技能。首先，这意味着你要与导师保持良好的工作关系。其次，与同学之间保持联系。这可能很难，但是将使你的研究大大受益。最后，你的研究还可能意味着你要与一系列的参与者或客户打交道。

4.任务管理技能

就学位论文和扩展型的研究任务而言，这意味着项目管理相关的技能。它包括：

(a) 了解研究摘要，阐述任务要求

(b) 管理时间、期限、资源和风险

（c）整体上和细节上了解研究项目

1.6 以研究为基础所需的技能

你已经掌握的技能？

- 利用下面的一览表审计一下以研究为基础的任务所需的技能你具备了哪些。
- 你目前具备的技能水平依次分为5级，0级=不具备，5级=掌握地非常好。
- 确认是否有些技能亟待进一步提高，在那项前打☑。如果有，在相关的章节和页数也如此。

自我管理技能		目前水平 0~5	是否需进一步提高？√	页数
1	培养正确的心态			
2	培养自己的好奇心			
3	正视自己作为研究者的角色			
4	保持高水平的动机			
5	有效管理时间			
专业技能		目前水平 0~5	是否需进一步提高？√	页数
6	了解什么是“研究”			
7	培养不同研究方法意识			
8	阅读文献扩充我的知识			
9	写文献综述			
10	选择一个适当的主题作为研究对象			
11	制定一个合适的题目或假设			
12	借鉴有关理论框架			
13	选择研究方法论			
14	选择研究方法			
15	收集、选择和组织材料/数据			
16	批判性思考材料和发现			
17	合成材料和观点			
18	在写作中合理构建材料			
19	在写作中清晰表述观点			
20	在答辩中讨论研究			

人际能力		目前水平 0~5	是否需进一步提高? √	页数
21	和我的导师有效地工作			
22	给予和接受同行的支持			
23	与项目参与者共同研究			
24	与参与到项目中的儿童或弱势群体一起工作			
25	从调查中收集数据			
26	进行采访			
27	理解伦理问题			
任务管理技能		**目前水平 0~5**	**是否需进一步提高? √**	**页数**
28	能停下来积极反思			
29	明确任务摘要			
30	项目管理技能			
31	了解项目的全过程			
32	保持项目整体意识			
33	了解项目的组成部分			
34	管理资源			
35	管理风险			
36	提出规划、调度任务			
37	选题			
38	组织写作			
39	准备答辩			
其他相关技能		**目前水平 0~5**	**是否需进一步提高? √**	

第2章

什么是一篇优秀的论文或研究报告？

如果你一直期待着做一项自己的研究报告，那么你很容易将投身于所喜欢的话题中，急于收集并阅读相关书籍或开始收集原始资料和数据。

然而，在开始你的研究之前，最好先停下来思考一下你所面临的学术任务的本质，在头脑中培养研究成果意识，这样对你的研究非常有帮助：

- 你会更加清楚预期的研究质量，这样你可以制定相应的研究思路和计划。
- 你能知晓研究中特殊的研究方法论有什么挑战，并能做好应对。
- 你会了解一些别人已经克服过的难题以及他们所找到的可能对你有用的各种解决办法。
- 通过了解一些方法论的问题所在，你可以避免一些别人遇到的问题。
- 你会了解你的领域中的研究状况和背景知识。

关键因素

你应该通过一系列的问题来认识该项任务的本质。这包括构成一项优秀研究的主要要素，以及它们在你的特定研究中意味着什么。

2.1 研究意味着什么？

日常意义中的研究

研究一些东西是我们日常生活的一部分，我们无时无刻不在搜寻信息。在日常使用中，研究仅仅意味着：

- 对某事想知道的更多
- 寻找关于它的信息
- 了解可用信息

实际上，这包括：

- 问题：你想知道什么？
- 调查：搜索信息。
- 结果：这个信息可能提供了一个答案，或者你可能发现这个信息根本不可用。

高等教育中的研究

高等教育中的研究跟日常生活中的研究一样遵从相同的原则，这意味着你可以借用你的日常研究技能。然而，高等教育中的“研究”暗示着更具体的东西，而不仅仅是“找到信息”。它通常具有以下特征：

1.有意义的

- 调查的话题是与你的工作或研究领域相关的或有意义的

2.有系统的

- 采用比日常生活中更持续、更系统的研究过程

3.有根据的

- 阅读相关材料找出已知信息
- 了解该领域的专家以及他们在这个问题上的观点
- 基于已知信息构建研究结果，而不是茫然进入未知领域

4.有贡献的

- 该发现或研究结果应该在某种程度上加深了对该领域的认识和理解

5.基于证据的

- 收集信息（包括数据、文件、访谈等），为你的立场、论证和结论提供依据

6.有立场的

- 对所涉及的问题持有立场，有依据地提出合理的论证

7. 客观的

- 以一种公平、公正的方式来搜集、评价、使用和呈现信息，而不是一味主观地使用与你的目的和观点相一致的信息

8. 交流性的

- 以一种合适的方式和格式写出来或呈现出来给别人看

- 它就该领域和该领域中的特定话题表达了观点

9. **有学术诚信的**

- 这是你自己的研究
- 你承认自己引用了别人的信息、观点、理论和方法
- 你以一种诚实、可信的方式进行研究，提出结论

2.2 什么是学位论文?

学位论文是一个采用研究报告形式的扩展式的研究。根据你的主题，你需要用扩展性的文章或报告的形式写出来。如果你以前写过好的文章或报告，那么你已经为你的扩展式任务奠定了坚实的基础。

深度

学位论文的主要特点就是你更深入地研究一个话题。这意味着你专注于一个很小的领域，并加强深化与该话题相关的研究背景、理论、方法和问题上的专业知识。

对知识的贡献

如同研究报告一样，你的学位论文将要对现有的知识做一定贡献。你的研究将需要证明下列内容。

对相关知识基础的认识

这可能包括理论基础，不同学派对关键问题所持的立场，该领域的开创性著作，有助于全新理解的或在该领域研究中开辟新方向的其他著作。

你的研究是建立在现有研究之上

你需要:

- 选择文章和研究结果，表明你所引用的材料来自一个研究链条
- 说明这个研究链条如何指引你开始你的研究
- 清楚指明你如何借鉴前人的成果来引导自己的思维和方法

关于文献检索和综述，请见第9章。

选择和决策

通常情况下，你可以自主选择你论文的主题和题目。这既是一个机会，同时也暗含一定的风险。自己掌控任务的性质和范围会给予你更大的自主权，你会非常积极地就所选择的主题展开调研。然而，你必须做出许多明智的选择，以确保有一个准确的定位来按时完成工作，达到相应的水平，并符合论文摘要。

长度

论文往往比以前的作业要长一点。通常情况下是10 000到20 000字，但论文的长度也随着论文的主题、层次和过程的不同而变化。一篇学位论文有将近100 000字。

需要管理的工作

任务的长度、所分配的时间，以及你的课程所给予的学分都反映在相应的工作量中。这包括每一个阶段的工作，从了解研究背景、确定研究方向到管理所收集的材料，这样你才能写出一篇具有长度适中、质量上乘的文章。

总的来说，完成这份工作你要付出巨大的努力，而不是通过最后一刻临时抱佛脚或采用特殊策略就能实现的。你需要对整个工作有效管理。

一种不同的工作方式

这个任务可能是你在一定时间内唯一的关注点。你所有的时间都可能致力于管理、研究和撰写你的论文。这需要一种不同的工作方式。你很可能：

- 很少或者根本不参加授课式的课程
- 独自研究这个主题
- 和导师单独会面，但次数有限
- 更多自主学习

2.3 什么是研究报告?

研究报告的特点

学位论文或其他扩展型任务通常采取研究报告的形式，研究报告具有以下特点：

1.规模。它是一项大型任务。

2.独创性。它是一个原创作品。

3.有根据的。它是基于你自己的研究。

4.有重点的。它深入地专注于一个问题。

5.独特性。一个“研究报告”有别于其他研究或工作，有它自己的框架和概要。

6.有时限的。必须限期完成。

7.需要管理的。需要规划和监督。

规模

每个阶段都要求你投入大量的工作、思考和知识输入，工作量之大要求你进行系统的规划。

独创性

你的研究将是一个原创作品。独创性，在这里并不是指你开启了一个崭新的调查或想出一个新理论。相反，它通常意味着：

- 做你自己的研究，而不是和其他同学一起合作研究和写作
- 新的研究，而不是为了获取某种资格已经提交的研究或是已经发表的研究
- 带来新的视角和关注点
- 独特、自主地选择原始材料、参与者、数据，或自己解读现有数据

如果你选择这么做，它仍旧是“原创的”。

- 复制以前的研究来测试其研究结果
- 用不同的参与人员或新的变量来检验之前的研究结果
- 重新审视并解读以前的原始材料，带来新的视角

有根据的

你自己的研究必须依据前人的研究方法、结果和理论。利用最相关、最新的资源，设计出你自己的项目或解释你的研究结果。

有重点的

你的选题必须集中在很小的范围内，这样才能在规定时间内完成规定字数。你报告的内容应该紧紧围绕题目和你构想的假设。避免偏离主题。

独特性

由于每个研究都是独特的，你的研究主要根据你自己的规划独立完成。它跟课程或课堂中要求的常规形式是不一样的。

有时限的

研究报告往往给定一个完成期限。对一项较大的研究而言，可能是几个月或几年，这看起来时间很长。然而，工作量也是巨大的。每个方面花费的时间都可能比预期要长，特别在思考、阅读复杂文本和撰写报告方面。如果不好好管理，时间将很快用光。

需要管理的

研究需要密切地关注细节和良好的远期规划。从一开始就思考如何从整体上管理研究，而不是一边做一边管理。确定所需的预先准备工作，以确保每一步都能按时完成。管理任务不是很难，但是至关重要。

关于管理项目研究请见第13章。

2.4 目的和挑战

学位论文和其他研究任务一般为了实现下列目的。了解这一点可以帮助你确定你的预期。

目的是什么?

一个大放异彩的机会

论文和其他研究任务使你有机会汇集你所有的专业知识来展示你的能力并创作出一部完全属于你的作品。

选择和独立

你有机会专注于一个特别感兴趣的或专业的领域。如果你的选题恰到好处，这有助于进一步发展你的研究事业或职业生涯。

了解你的学科

你研究该学科的典型原始材料，生成你自己的数据和发现。这样将你的发现与前人的研究联系起来，能够使你更好地理解知识结构及其研究过程中可能产生的困难、需要处理的不确定因素、挫折及各种问题。

“学徒”体验

你可以了解到学术生活和研究型职业是什么样子的，有机会思考这样的生活和职业是否适合你。

扩展你的技能和就业能力

论文和其他研究任务提升了你的技能并使其转化为职业技能，例如：

- 项目管理
- 先进的组织能力
- 时间管理和调度
- 自我管理，长期让自己专注于完成任务

与早期任务比较

从以前的任务中你可能会熟悉大型任务的基本要求。然而，如下所述，大型任务具有一些新的挑战。在阅读这些挑战的特点时，你可以确定一下哪些挑战对你来说很重要。

挑战的本质

哪些方面对你来说最重要？☑

- ☐ 它们带来更多的分数，大大有助于提高我的总成绩。
- ☐ 它们要求的字数更多。
- ☐ 它们花费的时间更长。
- ☐ 它们计划或管理起来更复杂。
- ☐ 它们需要更多自主的研究。
- ☐ 它们涉及更多的独立研究。
- ☐ 它们需要更大的原创性。
- ☐ 它们需要更多的个人决策。
- ☐ 它们需要出色的组织能力。
- ☐ 它们需要很强的自我激励。
- ☐ 我必须自己确定研究主题和题目。
- ☐ 我必须阅读大量的材料。
- ☐ 我必须自己找到这些材料。
- ☐ 我必须生成我自己的理据基础。
- ☐ 它们需要更深入的思考、分析与综合。
- ☐ 我必须采用与本领域专家相同的方法和规范来创作我的作品。

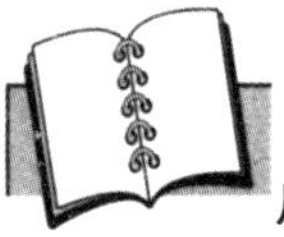

反思：应对挑战

- 你将如何处理这些挑战？
- 在本书中，你从哪里可以获得帮助？
- 还有哪些你可用到的帮助？

2.5 有关挑战：学生们如是说……

动力

困难根本不是我所想象的那样。我以为工作的要求很高，但真正困难的是我要不断地激励自己去做。我对这个话题很感兴趣，但我一直找借口拖延研究。完成它需要很大的意志力。当我最后拿到成品，意识到我独自完成了它的时候，觉得这一切真是值得的。

长度

我的论文需要写 10 000 字。我之前写过最长的文章只有大约 2 000 字。一想到要写这么多字，我就有些不知所措。现在想想我都不知道我是从哪儿开始写的。如果再来一次的话，我不会再感到害怕了，你只要把以前的小任务放大就行。这一次我要在一开始就把更多的时间和精力放在规划上。

仔细考虑

对我来说，最大的挑战不是更大的阅读量和写作任务，而是我需要更多的时间来权衡每件事的相对重要性，权衡它们是如何匹配在一起，我真正要用哪些材料。我对别人的建议就是要意识到你需要时间来让你的想法变得更成熟，你可能会改变你的想法。

独立研究

独自完成这么大的一个扩展性文章,渐渐地你会迷失方向,感到孤独并开始怀疑这一切是为了什么。如果你任由它发展下去,这样的情况可能会持续数周。在我的课程中,我们一组人决定每周两次会面来讨论一下我们如何处理我们的研究,并就如何把它写出来分享各自的想法。这对我来说很有意义,并让我继续做下去。

步调

我没有预料到的是你不能像写小论文那样,第一天坐下来完成所有的阅读然后第二天把它给写下来。你必须将它分成更多的部分来完成。这也就意味着如果你不坚持记录,你会忘记你已经读过的内容。我有全职工作,所以只能在周末写作。我没想到停停写写会让它变得不连贯。每一次写,我的写作风格就会变得不一样。我的导师建议我回头多看看以便它看起来像是一个人写的。如果能重新再来一次的话,我将利用自己年假的一周或两周时间来写终稿,以便更好地保持一种风格并全文流畅,这样整体效果可能更好。

反思:应对挑战

- 从这些同学的经验中,你能获得哪些启示?
- 你需要如何利用这些启示来规划你的任务?

2.6 导师们说:好与坏

最好的研究	最糟糕的研究
……充分体现了主题学科是什么,在这个领域的学术研究意味着什么。它可能不能跟专业研究相媲美,但这个研究表明了对这一问题的掌握以及在该学科中如何处理这一问题。你可以看到其研究发展的路径及学生们在未来的研究中将如何进一步利用它们。	……看起来好像是在最后一刻匆忙完成的。 最糟糕的研究是杂乱的、啰唆的,好像作者没有很多内容要说,所以就重复地、浮夸地延伸所有的内容。
能够引起我们关注和好奇的论文是我们最重视的。因为它们善于指出该研究在未来进一步延伸的可能。我们想要看到其下一个研究的发展。如果它对材料进行适当的分析,并对其局限性进行恰当的批判,那么它会非常值得一读。	……是在学生们思维混乱的情况下完成的。他们来来回回,犹豫不定,很难抓住他们论证的方向。
你可以分辨出一个学生是否对一个主题真正有激情。这并不是他们自己说的,你可以通过他巨大的阅读量,他对这一主题的求知欲和缜密的思考中得知。	……是学生们走捷径的作品,包括从别处"借取"的想法和参考文献。 ……要么缺乏想象力,要么极力追求创新,到头来一团混乱,难于处理。
有些研究报告简洁明了。这不容易实现。这个学生发现了一种清晰简单的方式来收集数据,即使这要如何实现在一开始时可能不太明显。	我不喜欢公式类的研究,例如几乎完全复制以前进行的研究,没有任何有趣的变动,参加人员也没有变化。这让我怀疑学生们能从这样的研究中得到什么。
作为导师,所寻找的是在研究中能产生想法的人。不单单是收集数据、制作图表、阐释数据这样最基本的内容。这么做可能会通过考核,但是我希望看到的是研究中所展现的思想之光。它可以从各个方面表现出来,从巧妙的方法视角或清晰的方法论框架。又或者他们被一个理论的某个方面所启发,想要看看如果他们从一个特定的角度检验它,它能否成立。	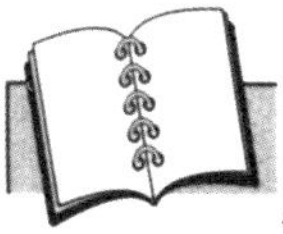 **反思:挑战** • 你能从这些评论中得到哪些启示? • 你要如何利用这些启示来规划你的任务?

2.7 优秀的研究:总结

一篇优秀的学位论文、长篇文章、研究报告或论文展现了以下特征。

符合摘要

很好地符合所有标准。

坚实的学科知识

优秀的研究显示了对学科的了解,包括热点话题及这些话题的研究方法、理论基础,该领域专家的贡献,历史性的和当前的争论,研究方法和视角的差异,以及对伦理道德问题的正确理解。

广泛的阅读

优秀的研究展示了对这一领域权威专家一系列相关工作的了解,最好的研究工作往往汲取了一些不太知名的专业文章和研究论文。

一个精选的主题

一个好的选题具有适当的规模和难度水平,带来不同的视角,与该学科密切相关。

一个系统的方法

优秀的研究使用精心设计的研究方法,显示出对细节应有的关注。好的方法是基于主题的,具有强大的组织性,精心收集并仔细分析材料或数据,认真形成假设或研究设计。

使用证据

优秀的研究对数据和原始材料进行准确地、可靠的、有选择性和批判性地使用。

全面的

好的研究很好地囊括关键问题和材料来源,同时又选择性地使用。虽然研究不能涵盖每一个角度,但它涵盖了所有要点。

良好的整体结构

书写非常流畅。材料的呈现具有逻辑性,连接紧密。对读者来说,论点清晰易懂。

很好地建立在前期研究基础之上

优秀的研究充分地利用现有的研究来指导自己的方向和重点,增强或挑战自己的论点。

对材料的正确理解

优秀的研究灵活掌握所有原始资料,无论是背景阅读材料、数据或是其他材料。对这些材料有正确的解读和使用,认识其相关性和重要性,正确解释并适当使用它们。

强烈的批判意识

确定论据和证据中存在的潜在空白,弱点和缺陷,无论是在论文中或是在其他研究工作中。

对模糊性和细微差别的认识

优秀的研究展现了对问题复杂性的认识,例如为什么看起来清晰明了的解释说明不了整个问题,理论或论据阐释的细微差别为何会导致不同的结论。

明确适当的语言

优秀的研究使用适合本学科的正式的书写风格,运用恰当的专业词汇和术语,表达清晰,易读又不失专业性。

优秀的综合

优秀的研究汇集了关键信息和观点来提供有趣的见解和结论。

自我查看

利用后面的一览表来评价你所在领域中的一篇或多篇论文。

2.8 学位论文或研究报告中要避免的问题

不恰当的选题

在一开始犯这样的错误，也是往后最难纠正的事情之一。请见第8章。

不恰当地使用证据

- **长篇引用**。这占用了字数却没有增加分数。使用简短适当的引用有助于表明你研究的广度和你对特别好的概要和总结的认识。
- **使用趣闻轶事**。这可能会很有趣但却表明你的材料不足，并会干扰你论证的流畅性。通常情况下，你需要使用的是合理客观的数据库而不是趣闻轶事。
- **使用个人经验**，除非你是在咨询课程或类似的课程中，或者是某个任务的反思阶段，明确要求你用自己的个人经验。
- **参考个人信仰和观点**（除非有特别要求）。
- **视不寻常的例子或例外现象为常态**。
- **使用维基百科**或其他百科全书作为原始材料。你会发现这些有助于你开始寻找好的原始资料，但是查阅这些百科全书的参考书目并引用。在这个层面上，你应该使用更专业的原始资料而不是在百科全书里找到的资料。

糟糕的写作

- **含糊其辞或过分冗长**：啰唆的句子；明明一个措辞巧妙的短语就足够表达却用了一段话；不同的措辞重复相同的观点；宽泛的、未经证实的概括；笼统的描述，特别是在引言和总结部分，例如“历史已经一次又一次地证明了……”或“所有的研究都有其缺陷……”
- **不恰当的表达和语言**。避免使用：
  - ○ 缩写
  - ○ 短信用语，俚语和习语
  - ○ 列表
  - ○ 你不明白的术语
  - ○ 华丽或浮夸地语言

混乱的结构

优秀的研究需要涵盖大量的材料，并在很长一个时期内完成研究和写作，因此记住你已经读过的内容、已经引用的材料、形成的观点和如何将其与主论点联系起来，都是一个挑战。如果你的材料非常混乱，研究工作缺乏强大而恰当的结构，读者就无法通晓你的论证。请见第13章第4部分。

忽视格式上的要求

无论你的想法和研究多么出色，你都要忠于摘要。如果你发现摘要限制了你的研究，在变更之前及时和导师沟通，听从他们的建议。请见第8章。

反思：挑战

- 你最需要关注以上哪个方面？
- 如果不很好处理的话，哪一个可能是你最薄弱的地方？

2.9 学术诚信

“都是我自己的工作”……

当你提交作品时，会签署一个表格声明这是你自己的研究。这便是诚信声明。如果发现你获得的帮助超出了所允许的范围，或者你的研究不是由你自己完成的，那么，根据研究水平和问题严重性的程度不同，你会受到以下惩处之一。

- 你的成绩可能会受到严重影响，甚至会不及格。
- 这可能会记录在你的成绩单里，并显示零分。如果你在申请工作机会时需要提交成绩单的话，这将会产生很多问题。
- 你的研究可能不被接受，也不会允许你重新提交。如果这样的话，你将不能重新获取研究资格。
- 如果是攻读硕士或博士学位的话，你将不会获得该学位。

“出售论文”

有很多网站为学生提供服务来完成各层次的作业，包括学位论文和一般小论文。不要购买。如果你需要帮助，通过学院的官方渠道获得帮助和支持，例如：

- 你的导师或其他导师
- 学科专家或图书管理员
- 学生服务中心
- 技术中心或学习资源中心
- 国际服务处（相关的话）
- 残障人员或失语症人员（相关的话）

不要……

- 不要雇用他人来替你写论文或其他任何作业，除非你有所在学校的正式许可（例如为某种残疾人士）。
- 不要雇用他人来校阅你的研究。如果有正当的理由，例如某种残疾，使用你所在院校的官方渠道：他们知道什么是允许的，什么是不被允许的。
- 不要提交其他学生的作品来充当是你自己的，无论是一整篇还是某些部分、数据或表格。
- 不要用预先写好的研究作品，例如从以前的学生或网络销售得来的，即使广告上说这些作品是“原创的”，“不是抄袭的”或者是可以逃过抄袭检测软件的。这风险太大，并且缺乏学术诚信。
- 不要通过网站提交您的任何一篇论文来供大家讨论，获取反馈、建议、指导、其他学生的观点或自称是专家的建议。
- 不要提供给其他学生你的电子副本或其他可获得你的研究的途径。无论是否经过你的同意，他们可能复制你的作品，并宣称是你盗窃了他们的研究成果。

提供文献出处

你的研究一定会借鉴你所在领域专家的研究。无论何时这样做时，即使是顺便提及：

- 通过给出作者的姓和出版日期，来确认你引用的材料，例如(Jones, 2013)。
- 在你的作品最后提供参考书目的所有详细信息。
- 使用你所在机构要求的引用格式，他们会提供所有的细节。

文献引用软件

你可以使用文献引用软件如Mendeley或Zotero，来帮助你引用、储存并列出你的参考文献。

2.10 利用现有模型做指导

学位论文或研究报告究竟是什么样的?

每个学科和机构都想从学生的研究中寻找不同之处。课程文件中会列出各种要求，通常作为研究摘要或评分标准。详情请见第7章。

借鉴真实的例子

如果参看一些实例，你更容易明白这些标准在实践中的意义。你所在院校的图书馆或部门办公室可能会有先前论文的副本供你阅读。有些还会提供数字化版本。如果你所在的院校没有的话，图书管理员应该可以引导你到其他地方获得可用的实例。

利用先前的研究

阅读前人的研究成果可能让你感到气馁，因为你不知道他们是如何做到的。你可能觉得前行之路太漫长了。

在你开始做自己的研究之前，即便参看了他人的研究，头脑中对最相关的问题也不会立刻形成思路。接下来的活动会帮助你组织自己的思维，确定对你有用的部分，规划你的时间完成研究。

用先前的研究作模型

☐ **快速浏览**

- 收集至少10篇和你的研究水平相当、长度大致相同的论文或研究报告。
- 快速浏览这些论文或研究报告。了解一下这个字数限制的论文或报告整体上是什么样的。
- 注意你的领域所涵盖的话题类型。它们主要是理论的？实证的？基于原始材料的，还是基于学生所收集的数据的？

- 这些论文或报告有哪些原创性和知识贡献？什么样的学生论文是可以被接受的？
- 注意一下不同的部分是如何布局的。它们有标题吗？如果有，在最出色的报告中各部分使用了哪种标题？
- 如果有的话，图表、表格、插图都有什么用？它们通常在哪里使用？作者如何在文中提及它们？

☐ **详细研究**

选择3或4篇学位论文并详细阅读。

- 它们读起来是什么样的？
- 前几年都使用了哪种标题？
- 学生们都使用了哪种数据？

☐ **一览表和项目日志**

使用下面的一览表，在项目日志或笔记本上记下你的观察。

后面的章节将提供这个一览表的改编版本，帮助你更详细地理清当前研究阶段相关的具体特征。

反思：利用现有模型

- 使用下面的一览表完成对先前研究的思考，然后记下你的观察——什么是你顺利完成这项任务所需要做的事情。

2.11 浏览现有研究

方面

用这个一览表来帮助你浏览并阅读通过图书馆或部门获得的学位论文或报告。在你已经考虑过的那一方面打☑。

☐ **选择话题**

- 当你选择一些阅读材料的时候，哪些话题吸引了你？为什么？哪些话题令你不愉快？为什么？
- 这为你确定自己的话题提供了哪些初步想法？

☐ **选择标题**

- 前几年使用过哪种标题？
- 这些标题的结构如何？
- 这为你选择自己的标题提供了哪些初步想法？

☐ **规模和范围**

- 这些作者是如何设计他们的研究来控制其规模和长度的？
- 这为你设定自己任务的适当规模提供了哪些初步想法？

☐ **方法**

- 你从可以复制或调整的技巧和策略中得到哪些启示?

☐ **伦理思考**

- 在你所阅读的研究中,处理了或可能引发哪种伦理问题?
- 在这些问题中,哪些和你的学位论文相关?

☐ **结构**

- 在这些研究中,你注意到哪些结构方式?
- 这些结构方式之间各有何不同?与你研究摘要的要求有何不同?

☐ **风格**

- 这些研究读起来怎么样?流畅性如何?
- 从阅读不同研究的各部分,你观察到的写作风格是什么样的?
- 这对你自己研究的写作风格有哪些启发?

☐ **引用和参考文献**

- 这些研究中如何引用和参考文献?如何将它应用到你自己的研究中?

☐ **演示**

- 是否有些研究是因为其演示方式的差异而引人入胜或令人不悦?
- 这为展示你自己的论文提供了哪些想法?

☐ **摘要**

- 在你所阅读的摘要中,哪些特征对你的研究有用?

☐ **其他观察**

- 通过浏览、阅读这些有助于完成你自己研究的作品,你还有哪些其他的观察发现?

第3章

论文项目管理

对于较大规模的研究任务，事实上，你是在管理一个项目，因此采取项目管理的方法是很有必要的。在实践中，你需要区分以下两点：

- 符合任务摘要（输出）
- 管理项目（流程）

许多学生只注重任务摘要，而不考虑大规模任务的管理流程。下面将介绍两者的不同。

Amina 非常擅长发掘学术研究中的实际应用

将两项任务合二为一

符合摘要

任务摘要是根据你的课程所制定，它明确了你必须达到的要求，例如：报告类型、字数限制、截止日期、研究方法、格式、引用样式等适用的规定。它也可能会明确允许的研究话题和内容。

项目管理流程

“项目管理”指的是为使你的研究符合摘要而进行的一系列流程，包括组织、规划和协调的全部实践性环节，使你能够按时、按需完成任务。“项目管理”并不是指论文内容、写作风格、论文结构等内容。

虽然，你的课程可能在掌握专业研究技能、熟悉设备和软件方面提供实质性的帮助，然而在论文的管理项目方面基本上不会为你提供什么帮助。因为学院认为你自己应该能够处理这个问题。挑战和困难故此产生。

如同许多其他的任务一样，只有你首次完成任务后才知晓最适合你的方法，然后应用于以后类似的工作中。然而，对于一项大规模的几乎不会再次尝试的任务来说，做好项目规划是非常重要的。

3.1 什么是项目管理?

在本书中，项目管理是指除去任务的学术方面，单单考虑如何规划协调任务整个流程，使其顺利完成。

项目管理的主要特征

1. **形成概述**：形成背景和基本原理的整体观念。
2. **详细制定任务**：制定输出和流程中所需的细节。
3. **计划**：采取系统化的方式制定如何完成所有任务。
4. **资源管理**：注意所需资源的细节。
5. **风险识别和管理**：找出可能阻碍你达成目标的问题；制定策略，减少风险。
6. **自我管理策略**：制定方法使自己坚持工作不懈怠。见第4章。
7. **时间管理策略**：有效地利用时间，按时完成任务。见第5章。
8. **人际交往能力**：与你的导师（第6章）、同事（第4章）和项目参与者（第15章）高效工作。

1. 形成概述

在启动项目前，尽可能对“全局”有个清晰的了解。这样对完成任务更有益处。

了解你的领域：了解所选主题的研究性质；利用前面的一览表来了解如何展开和撰写研究。

理解基本原理：考虑在你的课程范围内设置这样的任务的逻辑性：你需要发展什么技能或能力？他们想要你证明什么？

2. 详细制定任务

详细制定在各个阶段的任务和细节。

(a) **阐明输出**

首先，准确地阐明需要实现的研究成果。在第2章中着手这部分内容，确定研究需要达到的水平和质量。如果还没有做的话，利用前面的一览表确定预期的要求。相关内容将在第二部分介绍。

(b) **阐明完整过程**

为了实现输出成果，弄清整个工作的流程。这是一个巨大的挑战，因为你既要眼观“大局”，也要关注细节。

(c) **简化**

首先简化流程，确定核心部分，如下所示。

工作前 => 开始=> 中期=> 结束

a 工作前：准备和计划

b 开始：选题

c 中期：调研

d 结束：撰写

(d) **构建流程的细节**

- 一旦你对于工作流程有了清晰的想法，制定每部分相关联的任务。
- 逐步详述过程，增加更多步骤；仔细考虑它们是如何彼此联系的。
- 然后列出并安排每个阶段的任务构成。

3.2 计划

紧凑灵活的计划

紧凑的计划

制订紧凑的计划，尽量减少日后不必要的意外和延误。

灵活性

任何事情都不可能一成不变，因此制订计划时要灵活、留有余地，确保项目的可行性和可操作性。一旦你展开研究，改变计划会十分困难。准备好：

- 反复思考整个过程的细节，彻底理清如何将它们结合在一起
- 在初期反复检查，以减少后期再检查的需要
- 根据你的阅读、研究和导师的指导来调整计划
- 当项目展开时，再次考虑所有细节

a-b-c 步骤顺序？

确定阶段和步骤，例如如何流畅地从a到b到c，这是很重要的。这样你不会迷失方向。然而在实践中，整个工作流程可能并非按照预期进行，你可能会在若干

个步骤间反反复复。

迭代过程

过程是“反复”的，而不是单单按顺序进行的。你发现的越多，就有更多的新事物要跟进和计划。你会发现有新的材料需要阅读，不同的角度需要思考，最近发表的研究激发你再次思考你的选题，或者新的软件产生新的分析。

预先计划

因为你的项目是有时限性的，很多任务可能需要同时进行或不按顺序进行。例如，你可能需要：

- 当你的导师空闲时，预约时间见面
- 在初期开始寻找有可能的项目参与者
- 提前预约设备或订购材料
- 制定论文完成时间

预先计划帮助你更好的完成工作。

- 尽可能制作一个完整的列表，包含所有需要做的工作，不要有遗漏。
- 理清你是否有时间完成所计划的工作。
- 确定你需要立刻解决的事情。
- 弄清那些任务可能需要反复进行。将它们写进计划表中。

开发一个系统

设计一个系统能够帮助追踪你的进度。

- 形成一个详细的进度表。
- 利用或调整本书中所提供的内容，记录详细的一览表作为提醒。
- 根据你的一览表写每日工作要项。
- 完成项目后标注☑。
- 在日志中规划时间来完成列表中的事宜。
- 安排时间来估量工作是否都有条不紊地进行，并且更新你的进度表。

细化你的工作要项：例子

步骤：进行试验。任务是：

(a) 为试验制定日期和时间
(b) 为试验预订房间
(c) 制作广告邀请参与者
(d) 确定参与者是否合适
(e) 为参与者制定指令
(f) 等等

3.3 细化流程

准备和计划
1. 组织和计划
利用你的项目摘要和这个列表作为指导：
• 详细分析项目摘要
• 每个阶段分解成若干步骤和任务
• 列出所有所需工作和任务最佳完成顺序
• 拟定一个行动方案
• 在日志中安排每个任务
• 接受与导师的会面
• 计划从同事中获得支持
• 预约设备、参与者、网络连接等
第4~7章
选题
2. 准备基础工作
• 文献检索：调查该领域来获得灵感了解背景
• 开动脑筋思考潜在主题
• 阅读更多和主题相关的资料
• 缩小选择范围，阅读与你所选主题相关的资料
• 检查潜在主题的可行性
• 思考方法论和研究方法
• 考虑伦理问题
第8和12章
3. 选定主题、标题和策略
• 决定主题
• 阐明要调查和论证什么
• 明确你的研究问题或标题
• 根据需要写出项目假设或论文观点
• 设计调查主题的研究策略或方法
第8~11章
4. 进行文献综述
• 重点阅读与主题相关的最佳出版文献
• 记录文献的详细资料
• 确定最相关的资料或观点
• 撰写选定的文献综述，证明其与你的研究相关
• 综合先前的研究及成果，总结其对你的研究有何意义
第9, 22和 23章
5. 拟定并认同你的选题
• 拟定具体的选题或大纲
• 确定潜在风险及应对策略
• 与你的导师确定项目是否合适
• 如果需要的话，获得道德委员会的批准
• 如果需要的话，试验研究方法
• 提交审批
• 根据建议修改选题
第3，6，12和13章
实施研究
6. 实施你的研究设计
• 根据研究摘要调整研究方法
• 确定参与者和/或仪器
• 设计材料（如果需要的话）
• 形成表格或数据库来收集和记录数据
• 收集数据或分析原始资料，准确记录
• 发现
• 撰写你的研究方法
第14~20章

7. 提出和讨论结果

- 收集数据，绘制表格和图表，如果相关
- 的话
- 概括你的结论和其意义
- 确定他们是否支持研究假设

第14~21章

8. 讨论你的发现，得出结论

- 写讨论部分，批判性分析你的研究方法和发现
- 确定研究意义和该主题可以进一步研究的方法
- 根据你的调查结果和分析得出结论和/或提出建议

第 21~23 章

撰写

9. 完成研究报告

- 撰写其他部分
- 完成表格和附件

第22~23章

其他步骤

列举其他与项目相关的关键步骤

10. 修改草稿

- 回顾每部分，检查论证和细节是否一致并且符合摘要
- 确保每部分顺序无误资料组织合理
- 确保论证清楚贯穿始终
- 重写混乱的部分
- 如果信息过多，将冗长的部分简洁地改写
- 确认你参考了相关的已发表的所有资料
- 根据论文后面的部分，检查你之前写的部分是否需要修改

第23~24章

11. 写摘要和参考文献

- 写摘要或总结（如需）
- 列出所有参考文献和引用

第9 和23章

12. 准备提交

- 检查是否符合摘要中的提交要求
- 检查标题分级和页码编号
- 根据论文中的编号添加附录
- 调整措辞来改善风格
- 多次编辑和校对

第24章

3.4 安排任务

考虑你的日程表

一旦你弄清了工作流程和每个阶段的任务，就要准备开始日程安排。你需要考虑以下问题。

- 我的任务表是完整的吗？
- 什么事情是需要尽快或以后安排或组织的？
- 完成任务的最佳顺序是什么？
- 我应该分配给每个大阶段多少时间？
- 我认为每项工作需要多少时间完成？
- 实际上我有多长时间来完成每个任务？
- 如果我剩余的时间不足以完成任务，我应该从哪里节省时间及时完成任务呢？

安排活动

从下面的图表中，你会发现任务的部分环节可能重叠在一起持续全年。因此我们需要绘制一个好的图表，标注出所有需要做的工作并且将每项任务的具体时间记录到日志中，这将受益无穷。

安排

列表：记下所需完成的每项工作。

估量：弄清每项任务需要的时间。

做图表：根据列表上的任务来绘制图表。

写日志：在日志或备忘录中记录任务开始、进行、结束的准确时间。

安排活动：样例

安排一览表

确认每一项任务是否完成。

☐ 我有一个所有必要任务的完整列表。

☐ 我很清楚马上要做的工作是什么。

☐ 我已经想好完成任务的最佳顺序。

☐ 我已经计算出每项任务需要的时间。

☐ 我已经做好图表制定完成关键任务的时间。

☐ 我已经在日志或备忘录中记录任务开始和结束的时间。

☐ 我已经留出处理任何意外延迟的时间。

	10月	11月	12月	1月	2月	3月	4月	5月
预订房间								
网络连接								
文献检索								
阅读材料								
选题								
提交选题								
审议主题								
敲定题目								
撰写文献综述								
研究方法								
撰写方法								
寻找参与者								
收集信息								
分析发现								
撰写报告								
调整报告								
提交								

3.5 资源管理

找出你需要管理的资源和工作日期。思考以下的几点是否适用于你☑。

人员	设备和软件
□ 同导师预约会面 □ 寻找参与者并安排他们参与研究 □ 得到其他学生的支持 □ 得到雇主的支持 □ 得到其他人的支持 参见第15章	□ Skype或其他会议工具 □ 调查工具 □ 统计软件 □ 照相机/录音机 □ 文献管理工具 □ 其他设备
许可	**资源与材料**
□ 得到雇主许可在工作时间工作场所使用数据或资源 □ 得到参与者的许可 □ 得到参与项目的孩子父母的许可 □ 允许使用设备或资源 □ 允许使用或复制材料 □ 犯罪记录审查，如果在无监管情况下与孩子和/或弱势群体工作	□ 期刊文章或馆际借阅文档 □ 需要订阅的文档、电影、照片或其他材料 □ 参与者使用的信息和资料 □ 为允许参与者使用数据、照片、视频等签署的文件 □ 追踪进度工具 □ 记录发现和结果的工具 □ 分析发现和结果的工具 □ 其他材料
房间和设施	**资金**
□ 实验室或其他实验地点 □ 与同学会面的地点 □ 面试地点 □ 其他设施	□ 是否涉及大量的财务费用？ □ 是否需要找到更多的资金支持？ □ 是否可通过你的学院、大学、工会或雇主获取资源？ □ 有没有可能找到金融赞助商？ □ 根据当前计划，能否承当这项研究？

3.6 资金

大部分的学生项目都是使用可利用的资源低成本运行。如果你的研究雄心勃勃，涉及实地考察、大量的旅行、专用设备、使用特殊馆藏、或有许多参与者，则费用会增加。

在项目启动之前，考虑清楚所有潜在的隐藏成本。如果你无法承担，导师或学生会可能会就资金来源给你提出建议。

在项目开始前，考虑明白你是否可以负担得起。如果不能，仔细考虑如何调整你的选题使其不超出资金范围。此外你的导师会给你提出建议尽可能保留你最初的研究构想。

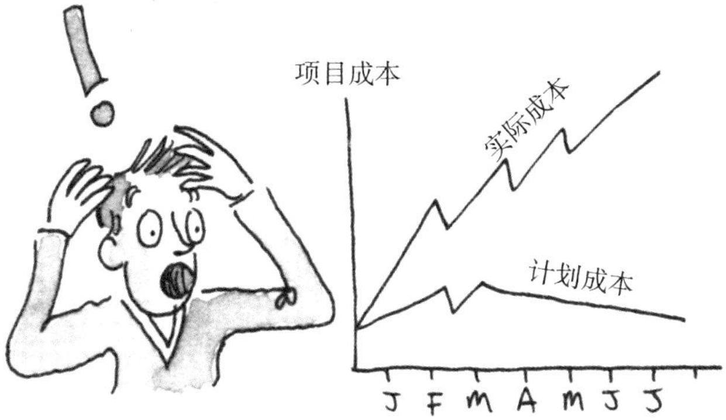

库尔特意识到他可能要长期靠烘豆为食……

项　目	预计费用
馆际互借：期刊、书籍、文档、资源	
使用特殊馆藏、图书馆、美术馆等	
购买图书	
给自己或参与者复印资料	
自己的差旅费	
参与者的差旅费	
犯罪记录审查费	
租用房屋	
租用或购买专业软件或工具	
实地考察费用	
装订论文或报告（如需）	
其他费用：	
总计	
可用的资金来源	**预计金额**
部门或学院	
学生会	
雇主	
兼职所得	
赞助商、慈善或专业团体	
其他来源：	
合计	

3.7 确认和管理潜在风险

处理不可预见的困难会消耗时间和资源，如改变方向或寻找解决方案，你苦苦等待的项目参与者的不配合、案例研究或实验、还有招聘场地、设备、资源或创建材料的成本。对于任何项目而言，现实地考虑可能会出现的问题和如何解决这些问题是明智的管理策略。

考虑的主要风险

1. **不符合标准，** 所以任务不能通过或达不到你想要的分数
2. **没有按期完成：** 工作如果延迟通常会限制在最低及格分数线，或者不及格
3. **层次定位错误：** 选定的任务层次过高或过低，不符合要求
4. **学术诚信缺失：** 工作成果不都是由你完成
5. **挑战认识不足：** 挫折太大，难以应付

减少风险

确认可能会出现的风险

阅读下面这些风险出现的原因。判断哪些可能与你相关，标记☑。

确认如何管理风险

然后考虑将如何管理你已识别的风险。

风险1：不符合标准

☑ ***可能符合我的情况？***

- □ 没有阅读标准
- □ 没有真正理解标准，在工作开始时也没有试图搞懂
- □ 选择的项目太好或太有趣，不在乎是否符合标准
- □ 没有严格地服从标准
- □ 没有充分地规划如何符合标准
- □ 缺乏基本的技能，所以不能很好地符合标准
- □ 没有定期检查以确保任务的进行是符合标准的

我将通过……管理潜在风险

- □ 确定我已理解摘要和标准
- □ 在早期花些时间来准确地理解标准，向导师咨询解惑
- □ 在日志中规划具体时间用来检查我是否符合摘要和评分标准
- □ 检查是否某些基本技能需要我进一步发展

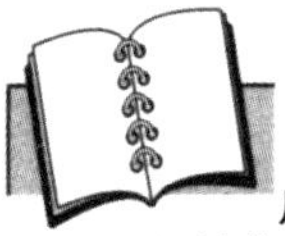

反思：符合标准

还可以怎样管理风险？

风险2：没有按期完成

☑ ***可能符合我的情况？***

- □ 推迟开始时间，因为距离截止日期还有很久
- □ 选择的主题规模过大
- □ 糟糕的计划：低估完成所有工作的时间
- □ 选题质量差：如果需要重新提交选题，完成后期阶段任务的时间可能不够
- □ 没有考虑可能延误的因素，如与导师会面时间，或者馆际互借的文档和文本的延误。在这些延迟的因素都解决之前，我可能无法继续进行
- □ 完美主义：不断地重新修订；认为不够完美

我将通过……管理潜在风险

- □ 确定一些我可以立即展开和完成的特定任务
- □ 仔细、详细安排进度计划
- □ 良好的时间管理
- □ 用足够的时间选择可行性主题
- □ 给自己预留时间发现错误并改正错误——所以不会落后于进度计划
- □ 如果导师反对我的选题，考虑他的建议
- □ 如果选题恰到好处，就坚持自己的想法

反思：符合期限

还可以怎样管理风险？

风险3：层次定位错误

☑ ***可能符合我的情况？***

- □ 被我的热情冲昏头脑而没有仔细地思考什么是可行的
- □ 没有真正理解问题的复杂性——在决定选题时没有充分地调查主题
- □ 没有理解寻找材料或收集数据意味着什么
- □ 没有辨别出有关这一主题的可用文献的研究层次是过高还是过低

我将通过……管理潜在风险

- □ 使用合理的决策程序来选择我的主题和标题
- □ 仔细地评估我的选题是否可行
- □ 将我的选题同以前成功的研究比较，检查规模的可比性
- □ 仔细规划研究进程的每一个方面，如需要多长时间来进行访谈或实验、分析每一个文件资源等

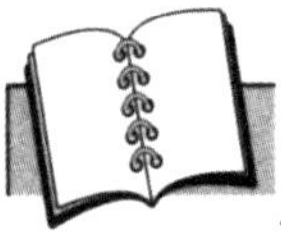

反思：符合研究层次

还可以怎样管理风险？

风险 4: 诚信缺失

☑ *可能符合我的情况?*

☐ 复制和粘贴在线资源作为供参考之用,或提醒我找到了什么材料,然后误认为这些材料是我自己的成果
☐ 抄袭信息,如表格或部分文字,我本想标注其出处,但却忘记了
☐ 用类似的语言改述书中内容,而不是提取主要观点并用自己的语言总结
☐ 没有完全理解有关复制、抄袭、引用来源的规则
☐ 与其他学生合作过于密切,所以文章中有太多的相似之处

我将通过……管理潜在风险

☐ 使用正确的研究方法,避免剪切和复制资源或抄袭朋友的文章
☐ 在项目初期阅读学术诚信声明,了解需要遵守什么
☐ 搞清楚我的研究与前人的不同之处
☐ 如果我不确定哪些是允许的,立即与导师咨询,例如如何与从事类似研究的人讨论工作
☐ 用自己的语言撰写整个研究,慎用引用并且标注出处

反思:学术诚信

还可以怎样管理风险?

风险 5: 挑战认识

☑ *可能符合我的情况?*

☐ 之前成功在最后一刻完成小型任务——认为这次也没问题
☐ 没有意识到需要多长时间来撰写、改写论文
☐ 轻视软问题,如管理激励问题
☐ 独立进行大规模研究时,没有认识到与其他学生沟通的重要性
☐ 认为会相对快速和容易地找到合适的主题
☐ 没有规划足够的细节,因此并没有意识到有多少是需要做和计划的

我将通过……管理潜在风险

☐ 从初期开始思考项目细节,规划细节
☐ 定期安排与其他学生见面
☐ 思考自我管理的问题,所以,如果问题出现,我不会陷入困境
☐ 计划时间撰写和修改草稿

反思:认识挑战

还可以怎样管理风险?

3.8 我的项目风险管理

除了上述提到的一般风险,也有可能出现针对于你的项目、情景或个人因素的风险。仔细考虑会有哪些风险,以及你会采取哪些措施来确保你的项目不会被破坏。

潜在风险	我应如何应对

第4章

自我管理

大规模的任务更需要马拉松运动员的心态。因为你很可能出现热情和兴趣下降、感到无力前行的情况。这个称之为自我管理技能，常常被人们所忽视。

独立研究

学生从事大规模独立研究时常常产生困难。出现困难的原因如下。

意义：通常，大型任务与最终成绩挂钩并占很大分值，因此学生倍感压力。

持续时间：独立研究持续时间长，难以保持方向感并时时与课程保持关联。

缺乏支持：所获得的导师指导有限，沟通不畅，方向迷失。

复杂：要完成这样的任务需要高水平的规划、思考和行动力，你需要培养自己这样的能力，但是不知从哪做起。

孤立：不那么频繁和有组织地与其他同学交流，不知道规定时间该做什么或不该做什么，感到孤独。

自主性：工作由你来掌控，可是有时觉得自己不能胜任。

做好准备接受挑战

做好准备可能会帮到你：

- 恰当地处理问题

- 提前思考如何避免问题
- 当问题出现时更好地应对

为下列情形随时做好准备：

- 当你发现很难坐下来研究时
- 当你的研究兴趣消失时
- 当你发现即使知道任务需要继续进行，也很难激励自己做下去时
- 当你在研究中感到孤独时
- 当你不清楚研究应该如何进行时
- 当你感觉一切都不对时
- 当你似乎有太多时间或者太少时间时
- 当你为了继续进行而需要自我管理时

幸运的是，你并不是完全一个人闭门造车。你可以获得不同形式的帮助、支持、鼓舞和指导。这一章节将为你介绍其中的几种。你可以借鉴别人的经验以及自我认识来预测和管理潜在的困难。

4.1 有关自我管理：学生们如是说……

任务一开始很顺利。我喜欢这个主题。我想做这个研究，所以我选择它。我喜欢阅读——大部分材料。我不想每天去上学，所以这样的工作很适合我，但是，不知何故，尽管如此，即使我真的很感兴趣，我还是不能让自己工作。很难解释这是为什么。

我曾经很期待写论文，然而当我开始写时，我感到很恐惧。当你学习其他的课程时，你不会考虑有多少周讲座和课程。因为讲师会告诉你什么是重要的，包括什么，他们会把任务分解，所以你可以清楚地明白自己是在做什么。你认为这一切都是理所当然的。然而，当你开始写论文时，所有的事情都需要你独立思考，你并不确定自己做的是否正确。这使我感到很焦虑。

独自一个人工作——没有人每周督促我工作。一旦我静下心来工作，我是很享受这个过程的。问题是怎么静下心坐下来研究。

我搞不懂我们为什么做这个——有什么意义？为什么这么多字？为什么是这么大一个任务？有人在意吗？还有人在坚持吗？当你开始感到浮躁彷徨时就很难完成不感兴趣的部分。

尽管我喜欢这个项目，但我不习惯长时间做一件事。这事本身倒不是很枯燥，但我失去耐心了。

我平时很擅长鞭策自己，但这次要做多少工作我毫无准备，有时要一直激励自己——然后一次一次地。

我是一个争强好胜的人，但是现在自己一个人做研究，身边没有竞争对手天天炫耀，我便失去了动力。

我一开始起步比较慢，然后加快速度，后来又开始懒散。到后期我感到十分恐慌，因为懈怠的时间太长了。回想起来，我本可以以另一种更平稳的步调工作，保持兴趣，减轻最后几周的压力。

我从没觉得我的讲师是个有趣的人，但后来一周都见不到他和所有组员一次的时候，我又非常渴望得到他的指导。

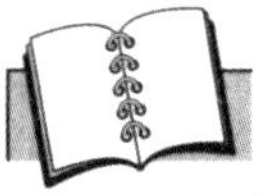

思考：自我管理

- 你可以从这些评论中得到哪些启示？
- 你要如何采纳这些意见来规划你的任务？

4.2　形成良好的心态

在撰写论文或进行其他大规模任务时，最大的困难之一便是如何形成并保持正确的心态。尽管，从心理上做好准备似乎是轻而易举的事，但实际上并不容易。如果你发现很难继续投入到你的研究，你要知道，你并不孤单，并且有一些切实可行的事情可以做。

可以采取的措施

保持兴趣和动力

1. 注重效益
2. 培养求知欲

3.选择正确的项目

洞察力和自信

4.保持平衡的视角

5.利用专业知识

6.建立作为研究者的自信

7.防患于未然

8.激发动力：动机和奖励

利用支持

9.知识分子

10.社会

11.教育机构

12.公司同事

13.家人和朋友

有组织性

14.管理时间和时机 (第5章)

15.给你的任务制订项目计划 (第3章)

这些行动会在下文中逐条解释。选出哪些是对你有用的——并不是所有都是需要的。然后想想：

- 对你现在有帮助的是哪些?
- 哪些是以后可能会用上的?

1.注重效益

使你和你的研究项目紧密联系在一起的方法之一就是时时考虑它对你和其他人的长远利益，以及它对你获得成绩和资格的重要性。如果发现你需要提振士气，那么就想想这一点。

确认更广泛的利益

大规模的工作会带来一系列的好处。这些价值因人而异。在以下对你有价值的部分打☑。

☐ 研究有深度的主题使我很感兴趣

☐ 接受更大的智力挑战

☐ 成为该主题的研究专家

☐ 有机会独立研究，更好地掌控所有的工作

☐ 发展研究技能

☐ 测试自己是否想要从事学术研究事业

☐ 研究与目前职业相关的问题

☐ 帮助解决我所知道的人们生活相关的或对我很重要的问题

☐ 使我的研究有意义
☐ 在面试时可以自信地谈论专业话题
☐ 发展职业技能
☐ 在简历上增添项目管理技能
☐ 成就感
☐ 其他的益处

4.3 保持知识的拓展

1. 培养求知欲

在授课式的课程中，老师会定期进行知识输入——新的材料、任务和问题——用来促进大脑的开发和拓宽你的思路。一旦你开始进行独立研究，就只能完全靠自己激发智力。尽管你的研究涉及了大量的材料，但是局限于一个狭窄的领域。如果能获得新的灵感和更广阔的视角将对你的工作更有益处。

锻炼你的头脑和好奇心

在以下建议中选出对你适用的☑。

☐ 关注如Twitter、Facebook或iTuneSU等网站中的所在领域的知名学者。参看Cottrell和Morris(2012)；Thorne(2013)。

☐ 收听著名专家所的播客或者浏览他们的网页或阅读他们的博客。

☐ 设定一个讨论主题来辩论或讨论读过的材料（虽然不是我的核心研究问题）。

☐ 为了兴趣阅读与我的主题相关的更广泛的材料。

☐ 阅读所选主题之外的材料；同我的主题做比较。

☐ 对我找到的内容进行质疑，将它与同主题更广泛的问题更全面地联系在一起。

☐ 挑战他人对我所阅读、观看或听过的资料中问题的定义方式。

☐ 对我在一个问题上的立场进行质疑。参看Cottrell(2011)。

☐ 浏览研究的"起源"，谁是研究此问题的第一人，他们当时关注的是什么？

☐ 寻找解决学术问题的多种方式——不要满足于第一个答案。

☐ 从新的视角考虑我的研究——如其政治意义、文化意义、历史渊源、对特定群体或环境的总体影响，或其他国家或艺术领域对其的描述。

参见：*Intellectual input from peers*《同行的知识投入》，第49页。

2. 选择正确的项目

关于如何完成大型任务的书籍总会强调选择一个能够"激励"你和"让你充满

热情”的项目是如何重要（Levin，2005）。这绝对是个忠告，但事事总是不能尽如人意，你会发现要么你可选的主题中没有一个能完全激发你的动力，要么你就在进行一个根本毫无兴趣的论文。

在决定研究项目时，要从长期动力的角度考虑。

- 有没有哪个角度可以进一步发展使你保持兴趣？
- 如果一个主题对你非常有启发性，它是否可以激励你一路走下去？
- 是否有一些重要的辩论或争论性问题能够引起你额外的兴趣？
- 你喜欢阅读材料吗？如果不喜欢，你对什么更感兴趣？
- 研究方法是否允许设计大量多样性的任务使研究丰富多彩？会有大量重复性的工作吗？
- 研究层次是否平衡合理，既能使你避免过度紧张也能避免缺乏动力？
- 需要时是否能够借助其他特殊方法获取灵感？

4.4 洞察力和自信

1. 保持平衡的视角

不要让焦虑和担心击败你，特别是当任务变得棘手的时候。虽然这些任务的设计是具有挑战性的，但是它们也是可以驾驭的。如果工作让你开始感到不知所措或艰难，不要慌，你要仔细计划这个阶段的任务。

2. 利用专业知识

如果工作偏离了方向，你很容易忘记去利用你已经掌握的技能。在某种程度上，你目前的项目是建立在之前研究的基础上，如特定的知识内容、理论或方法、工作经验或学术技能。

如果你感觉不知道从哪里开始，或看不清方向，回顾你以往的课程，复习你已经知道的内容，想想如何利用它们。

3. 建立作为研究者的自信

“研究”这个词对于某些人来说很令人厌恶，因为它往往意味着只有某类专家才能完成的任务。

研究者的自信

确认下列哪些方法对你有所帮助。

□ 找到研究的某些方面有问题并不意味着在这方面不擅长。

□ 思考日常生活中哪些技能可以应用到研究中去。

□ 不要因为一开始不是“专家”而感到焦虑。因为到最后，通过大量时间上的投入、阅读和对这一问题的思考，我将比别人了解得更多，成为一名专家。

☐ 把自己看做是学习型社区的一员：在这一领域中以前所有的工作对我目前的研究都是有借鉴意义的。

☐ 在研究一个前人从未如此涉足的话题的过程中寻求刺激。

☐ 给自己空间畅想研究前景：如果我有机会的话，这项研究成功结束后，我将如何进一步研究？

☐ 与他人分享经验。

4. **防患于未然**

知道哪些事情通常会出错意味着当错误真正发生的时候你将不会太惊讶，并且可以提前考虑如何应对。

容易出错的事情……

想想下列问题出现的话你将怎样采取措施解决。如果你对下列的风险管理计划的哪一条有过计划，把它标注出来。

☐ 缺少导师的帮助

☐ 等待馆际图书互借

☐ 其他人正在使用我计划借阅的文件或文本

☐ 我研究的领域出现新的出版物，可能改变我的研究方法或观点

☐ 电脑问题或文件/文件夹/数据丢失

☐ 项目参与者不给力

☐ 朋友、家人或同事需要我做其他事

☐ 论文装订延误（如果需要的话）

☐ 生病

☐ 同时要上交其他作业

4.5 激发动力:动机与奖励

1. **动机与奖励**

虽然时不时地勾勒一下研究工作的益处很有帮助，可是有时那些研究目标好像很遥远，这时你可能需要提振一下工作的动力。

确定你的主要动机

为了很好完成任务，人们通常需要一个动力。如果你的动力开始减弱，花15分钟确认相关的工作动机。

☐ **一个大大的动机**。完成任务一个最重要的原因是什么？把它写下来，放在你能看到的地方。如果它不起作用了，想一个新的理由。

☐ **关键收益**。出色并及时地完成这个任务会为你个人带来哪些好处，快速地列一个表格。

☐ **潜在机会的丧失**。如果没有准时完成任务你会错失哪些潜在的机会，快速地列一个表格。

☐ **灵感**。谁或什么能为你提供灵感提高工作动力？为什么？

计划奖励措施

频繁给自己小奖励

每完成制定的一个任务就小小地奖励一下自己。时间尽量短，这样你能很快回到工作中。这可以是5到10分钟的休息、喝杯热饮料、打个电话、玩会儿游戏、看会儿电视、吃点零食、更新一下微博，或任何可行的事！

制定大大的奖励

☐ 每天给自己一些期待作为一天辛勤工作的回报。

> 一旦我开始工作，我便一直努力向前而不是停下来给自己一些小奖例，我觉得这样更好。我答应自己一旦我完成这一天计划的工作，我要好好地犒劳自己。对我来说，可以看DVD，吃好东西，和朋友聚会，阅读图画小说。如果工作没有完成我便奖励自己，那基本上我就废了。

> 对我来说最大的奖励就是优质巧克力。只有完成了每天计划的工作，我才能获得巧克力奖励，这是我工作的唯一动力。

最终的奖赏

一旦完成了你的任务，你会觉得那本身就是对自己的奖赏。到那时，项目被提交上去，给自己一个额外的奖励会非常棒。什么样的奖励会激励你去完成这项任务呢？

每个人都有自己的方式去完成一个大任务。

反思：动力

- 当任务截止期限还很遥远的时候，你如何确保投入到工作中？
- 如果你发现你的兴趣或精力减弱，如何保持自己的动机？
- 什么样的奖励最能激发你的研究？

4.6 与他人交流

为什么要这么做？

让学生独自一个人完成大型任务往往很困难。如果你也这么觉得，看看下列情况你是否经历过，在那一项前打☑。

独自研究所带来的影响

- ☐ 社会孤立和孤独
- ☐ 感觉偏离课程
- ☐ 无聊
- ☐ 遇到问题感到无助
- ☐ 缺乏灵感和点子
- ☐ 大量的研究内容压得我不能喘息
- ☐ 工作量太大
- ☐ 工作和生活上的双重折磨
- ☐ 家人或朋友不支持

大多数学生习惯了这种研究方式，找到了解决这些问题的方法。然而，只有通过与他人交流才能让整个研究过程压力更小、更易操作。

1. 同行的知识投入

一个人独自工作的时候很容易才思枯竭。这时应该想办法从他人那里获得智力激励。

- 别人对你的工作的疑问可以激励你继续下去。
- 跟你做同样课题研究的人会碰到与你相同的问题，如果你们携手，更容易想出好的解决方案。
- 尽量参加授课式课程来开阔思路，尽管话题看起来是不相关的。
- 参加研究或帮助小组来发展你对一般的研究的理解，给你的一周带来一些新意——无论你是否喜欢这个小组。

同行的知识投入

想象下列哪种策略更适合你。

☐ 参加为从事研究项目的学生准备的研讨
☐ 请导师举办研讨会来交流我的研究相关的问题
☐ 帮助组建一个研究小组，激发我的兴趣和想象力，开拓我的视野
☐ 查看我是否可以参加大学其他地方的讲座

2. 维持社交圈子

☐ 一周一次与一个或多个学生会面
☐ 至少一周一次会见课程以外的朋友
☐ 至少一周两次与朋友散步、运动或锻炼，避免久坐不动

3. 机构支持

除了你的导师，你可以利用一些机构来跟他人建立联系或得到特别的支持。考虑一下：

☐ 学生会
☐ 学生服务或技术支持
☐ 图书馆工作人员
☐ 学生咨询
☐ 研究生院（如果你是一个研究生）

4.7 家人、朋友和同事的支持

1. 同事的支持

如果你有工作，你的同事可能会注意到你行为上的变化。你可以决定是否和他们讨论你的项目，当然除非你的项目是以工作为基础的研究。你可能希望和大家讨论以下策略。

公司的支持

☐ 确认至少一个同事为知心密友，如果他人抱怨你们之间相处的时间越来越少，这个知心朋友会和你站在统一战线。

☐ 跟老板请假给你时间做研究，作为你个人和专业发展的一部分。

☐ 对于以工作为基础的研究，查看你是否可以有更多的检查时间来谈论有关问题——尤其是如果你的工作或研究涉及很多的情感内容。

2. 家人和朋友的支持

长期性的任务影响巨大，不只是对你，也对你的家人和朋友圈。不从事这样工作的人们很难理解这个层次的工作有哪些要求。家人或朋友会觉得你不关心他们了，你让他们失望了，尤其当你是一个父母或是有需要照顾的人时，或者你是工作后重返校园的学生，但是这种情况会发生在每个学生的身上。这时你

就要让家人和朋友明白做论文有哪些要求，你希望他们能为你做什么，他人又能期待你做什么。

下面是一些常见的问题，讨论一下非常有帮助。

家人和朋友：需要讨论的问题

☐ 为什么这项任务对我来说很重要

☐ 我们将从这项任务中获得什么（如果相关的话）

☐ 这项任务会有哪些要求

☐ 在任务的不同阶段我会从他们那里获得支持

☐ 我在何时何地做研究，这意味着什么

☐ 所有这一切对他们来说意味着什么。那个时候他们找不到我会是什么感受

☐ 我的研究会持续多久

☐ 我该如何做这项工作才能使所有人满意

☐ 哪些事件或时间段对他们来说是最重要的，是最需要我在身边的。我能满足这些要求吗？

☐ 他们需要我做点什么，才能更好地为我提供所需的支持

☐ 我什么时候能抽出时间给他们

☐ 我们什么时候以及如何讨论我研究中出现的问题

☐ 我们将如何充分利用时间以便于能够为他们做些事情

☐ 如果他们知道我正在做研究，什么时候因为什么样的事情他们能打断我

☐ 最后我们将如何一起庆祝，让所有人都开心一下

做好准备……

尽管谈论了以上的问题，你还是要做好准备，因为你周围的人有时会忘记你们所达成的共识，希望你出现在身边、对你生气、怨恨或失望。跟他们好好沟通——不久你就会获得他们的重新支持。

第5章

高效利用时间

时间是你最宝贵的资源

对于大多数学生来说，完成大型任务的时间要比之前小任务给的时间长了好多。人们对于这个时间期限感受各异。有些人觉得，至少一开始这么觉得，有大把可以安排的时间在手，而另外有些人觉得，虽然时间长，但是任务规模大，他们仍然担心时间不充足。

虽然一开始你没有感觉到，但是时间确实是你最宝贵的资源。给你这怎么长的时间来完成任务是有原因的——你需要合理利用它来完成你的研究。

尽管不珍惜拥有的大把时间是人的天性，然而对于你来说在项目初期好好考虑有关时间的问题是非常值得的。假如你利用第3章提到的项目管理方法，他们会很好地帮助你高效管理你的时间。

个人时间挑战?

大型任务的哪些方面最具挑战，需要的时间最长，学生对此的感受不一。能够认识到这个问题是解决可能出现的问题的重要一步。识别下列哪些对你来说可能会成为问题。

我有哪些“时间”问题?

☐ 1. 低估时间长度。

☐ 2. 着手去做。

☐ 3. 特殊的日子不能静心研究。

☐ 4. 不能在有效时间内协调工作。

☐ 5. 缺乏动力；很难继续。

☐ 6. 没有及时撰写论文。

☐ 7. 没有将任务完成。

Dylan总是找借口拖延时间

5.1 任务需要多长时间?

多角度看待时间问题

对于一个大型任务，要从不同的程度和角度来规划时间要求，例如：

1.课程要求

2.日常进程需求

3.整体项目流程

4.章节或报告部分的要求

5.日志和计划工具

1.课程要求

过程要求花费时间

为期一年的研究（相当于英国的120学分）相当于学习1 200个小时。如果你的研究项目值40个学分，那就相当于一年全日制学习的1/3（400个小时）。这表示10到12周全日制学习。一些学生投入的时间会少些，而一些学生投入的时间多些。

如果你利用兼职时间来修全日制学位课程的一半（600个小时或者英国的60学分），一个40学分的研究项目或者论文就相当于一年全日制学习的2/3。

如果你正在全日制学习攻读硕士或者博士学位，那么这个要求跟对全职工作的人要求一样。

2. 日常进程需求

除了这个研究项目，将你每天需要做事情列举下来，例如：

- 你的工作
- 假期
- 家庭事务
- 日常生活任务
- 旅行
- 运动和健身
- 社交
- 无法预见的紧急事情
- 休闲

在你的日志或备忘录中计划好时间。清楚地标记哪些事情是不能变动的，哪些事情可以更改。

3. 整体项目流程

为整体研究项目的每个部分分配时间。这不一定精准科学。下面是一个典型的时间分配表。

研究项目的时间分配

- ☐ 准备和计划——5%
- ☐ 选题/研究设计——15%
- ☐ 背景阅读/文献综述——15%
- ☐ 收集和分析数据/信息——40%
- ☐ 写作和修改——25%

4. 章节或报告部分

- 确定你的报告分成几部分或者几个章节。
- 计算每部分花费多长时间。
- 给每部分标注一个数字或者颜色。
- 做时间图表安排每部分的工作进度。使用不同颜色和编号帮助你明了要展开哪部分工作。这要与你给每部分制定的时间相吻合。

你的日志和计划工具

你很可能会利用如图表、日程表、时间表和一览表、日志或者记事簿作为计划工具。选择一种计划工具例如你的日志或者记事簿来详细制定你所需要的时间，无论是学习、工作、健康、休闲或是家庭生活的其他方面。协调使用你的各种各样的计划工具，例如和你的一览表相互对照。

- 每天规定时间检查日志；如果没有这个习惯要尽快养成。
- 尽快协调时间上相冲突的事宜——不要指望冲突会自行消失。

5.2 开始工作

急什么？

当任务的截止日期近在咫尺，很明显，你已经没有时间找借口拖延工作了。这形成了一种紧迫感促进肾上腺素的分泌，可以帮助你专注于需要做的事情。

就你可利用的时间比例而言，一个长期任务的关键挑战之一就是，截止日期还很遥远。这意味着很难自然而然地形成紧迫性。虽然高效利用所有可用的时间非常重要，但是很难产生即时动机。

早点开始……

- 这样你才能有最多的时间致力于你的论文
- 使任何需要预定或提前考虑的事情及时得到解决。

消除你的借口

看看你拖延工作的借口——他们是否经得起仔细推敲？下面给出了一些例子。

☐ “我总是把事情拖到最后一分钟，总是超过最后期限才能完成任务。”

设想这个项目跟你以前的小型任务不一样，你不可能在临近截止日期时突击工作就能完成。

☐ “时间还多得是呢。”

即便如此，也要好好使用时间，想好不久的将来要做什么。重视任务的规模和复杂性。

提前形成工作概要

如果你还没有这样做，

☐ **浏览整本书**：了解你需要完成什么和如何去做。

☐ **阅读前几章**：这些为你提供了一个概述，如何管理你的项目。

第一步

☐ **制订你的计划**

如果你还没有制订你的计划，现在就做。这其实就已经完成了一个重要的任务。

☐ **以现在为起点**

当你做时间表的时候，起始时间是现在，而不是下周。

开始每一天

☐ **只要15分钟**

如果你没有心情工作，那么告诉你自己就只做15分钟。这比几个小时更易实现。一旦你开始工作，就发现很容易继续下去，这比你从一开始制订一个长时间的研究计划要容易操作。

□ **和朋友一起学习**

安排跟一个朋友一起学习。你们的约定可以帮助督促你继续研究。

□ **选择正确的地方**

在一个干扰少的地方工作，如图书馆或你预留的位置。

□ **准确指定任务**

当你开始工作时，头脑中不能只是空泛地了解任务要求。要记下来给定的时间内要完成的具体的任务，这样你坐下来的时候就知道工作重点。

5.3 调整工作步伐

好的工作节奏

好的工作节奏可以帮助你很好地掌控项目，按时完成任务，并且不会在特定的时间给你添加出其不意的麻烦。思考一下你是否可利用下列策略。

□ **每天一点点**

等到你有了足够的大块的时间，一下子完成所有的任务，这感觉非常棒。然而在实践中，这是不现实的。大型项目不可能就靠一个周末突击完成，然后就坐等年底上交。每一部分的工作可能需要大量的时间。

如果从一开始你准备好作如下工作，任务就会简单些：

• 把任务分解成更容易管理的小块儿任务，每块小任务又分几个步骤；假设每个任务不止处理一次。

• 如果需要的话，就像吃蛋糕一样把大任务一小块儿一小块儿地吃掉，这样你就会不断前进，一直走向终点。

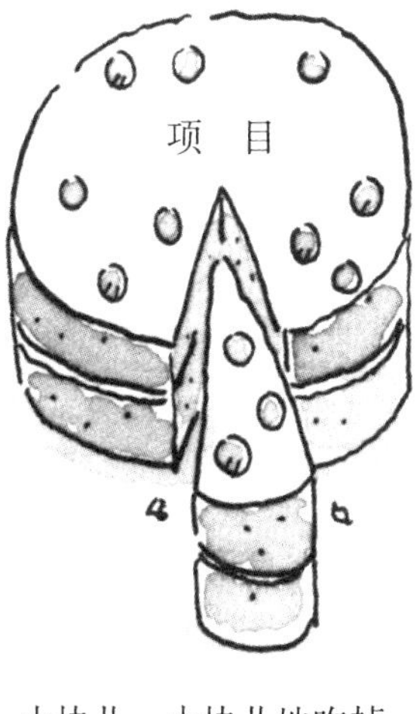

一小块儿一小块儿地吃掉……

建立有规律的工作习惯

制定规律的定期的工作时间段，形成工作习惯。这应该与你的项目规模形成比例：全日制硕士或博士应该每天工作；兼职的大学生至少一周两次。这有助于确保：

- 你对所研究主题的思考“有生命力”
- 更容易安心工作
- 更好地处理某阶段出现的超预期的挫折
- 在长期时间内保持增量完成任务，避免最后一分钟发生紧急情况
- 期限内完成任务

☐ **前期超量工作**

争取工作前期超量完成任务，与计划相比，多做一些。这样，如果你低估了工作所需要的时间，会有更多的余地。

☐ **应急计划**

为无法预料的突发事件做好安排，在任务后期阶段调整时间，避免最后一分钟紧张状况的发生。

☐ 你估计完成任务所需时间的10%应该用来解决紧急状况。

☐ 制订计划时，任务完成的时间要足够长。

☐ 要特别注意制定任务一览表，其中包括每一项具体任务的细节，不单单是标题任务。

☐ **对工作起伏做好预期**

对工作前进的步伐要做好预期。成功不是一个模式下来的。有些工作可能比预期的更顺利，在整个工作阶段没有出现挫折。

相反，有些看起来相对简单的工作花的时间竟然比预期的多。你可能很顺利地写了几页的报告，却碰到几个段落需要修改若干次才能通过。

5.4 继续——保持势头

☐ **改变要趁早**

如果你对所研究的话题感到厌倦，而且还处于项目的早期阶段，可以考虑换一个主题，或一个新的研究方法，时间上是允许的。可是以后就不行了。

坚持下去

一旦你的项目开始了，就要保持工作的势头。如果你感到无聊，不能专心工作，你需要采取最适合你的策略保持动力。下面是项目一开始时你可以适用的策略。

☐ **制定严格的日程。**

☐ **助推**。一旦你完成了一个任务，花几分钟看看下一个任务。例如，阅读项目计划看看下面要做什么，或记下一些好点子。

□ **确认成就**。确认目前为止已经完成的任务和部分，给自己鼓励和信心。

□ **说服力**。说服一个朋友或家庭成员承认你的研究项目很有价值。这不是容易的事。你可能不会说服他们，但会提醒自己这么做的初衷。

□ **接受挫折、继续前进**。尽管你想得很好，可是如果发现不经意间荒废了时光，不要执着于已经逝去的时间，专注于现在，重新安排任务。

□ **避免负能量思考**。做研究感到无聊是很自然的事情，尤其当项目持续时间很长或涉及了大量重复性的劳动。有时学生逃避工作并认为之所以感到厌倦是因为项目本身出错，他们应该试着研究其他主题，即使剩下的时间很少。

创建紧迫感

□ **设定挑战**。给自己制定一周、一天、或一个时期的目标，不断调整时间表适合自己的需求。“与自己竞争”会产生紧迫感，提高肾上腺素分泌，并给予你更多兴趣来做研究。目标要现实且与任务相关，如：

- 阅读一定的页数，撰写一定的字数，或完成一套计算运算
- 在给定的时间内解决自己提出的一系列问题
- 限制字数做笔记或在特定的时间内给一定页数的材料做笔记。

□ **让别人“推”一把**。找一个值得信任的人，在你偏离计划的时候给你温柔的提醒。

寻找每天生活中的幸福点

□ **保持社交生活**。与朋友和家人保持联系。关心一下他们的生活。出去找点儿乐子——别把时间都放在研究上。

□ **分享灵感**。与其他学生保持联系。看看他们做项目时有什么启示。保证自己至少可以跟他们分享一件有趣的事情。

赫敏不为自己的决定负责任

5.5 撰写、完成项目

撰写论文总是让人感到很头疼。学生经常会推延：

- 着手撰写报告，或
- 从事项目其他方面的研究，不得不推迟

推延可以有很多借口，如“我需要阅读更多材料，进一步收集数据，或想更多地了解这个发现”。

第22章详细地讲解了如何监管论文的撰写。如果你有时间，浏览一下那一章。下面给你提供一些好点子，在项目一开始阶段你应该如何计划才能有效地帮助你后期的论文撰写。

撰写结论的初稿

学生们经常迟迟不写项目的结论。你的研究应该是朝着这一结论向前推进的。当你的项目展开时，你就应该逐步理清你的结论是什么。

除非结论与研究哲学本身有悖，否则你应该尽早开始写结论的初稿。对于许多项目来说，你可以在几个小时或几天内写好这个初稿。当你开始项目研究的时候，不断地参看这个初稿，不断地修缮使它与你的发现协调一致。

早早写好结论初稿有助于避免今后拖延完成任务。

☐ **一边研究一边写**：不要等到你完成所有的研究再开始写。一边研究一边写。

☐ **为完成具体章节设定期限**：字数越多越好。

☐ 设定目标：在项目的每一特定时期，计划写出一定数量或页数的论文。坚持住。

项目收尾

许多学生都很迷茫，不知道如何做项目的收尾工作。他们往往倾向于找点别的事情做，而没有意识到在那一刻进一步的研究已经没有太大意义，提交项目才是最应该做的。

☐ **“完成感”**

想想你需要完成的项目后期5%~10%的任务。

☐ **足够好吗?**

过度的完美主义很难让你完成一件事情。你总觉得还可以做点什么，如阅读材料、总结观点等。项目报告永远可以写得更好。这就是研究和写作的本质。

在某些时候你必须意识到，尽管你的项目可以进一步润色，可是在规定的时间内它已经做得很好了。想好什么是“足够好”。

☐ **以最后期限为起点从后向前做计划**。定好项目后期任务的完成时间。

第6章

与导师一起工作

通常，当你做研究项目时，学校不会提供正式的课程。在你开始项目之前，可能会学习一些专家的研究方法，有时是一边做研究一边学习。其他时间，除了导师提供的帮助，你都是靠自己学习。

导师负责什么?

“导师”这个词可能会误导你，因为你可能会认为，它就像在有的工作中一样，每天都会得到导师的指导。学位论文和类似项目指导不是这样的。它通常是:

- 次数少——你可能只跟导师简短会面2~3次
- 一对一，面对面，尽管有需要的话也可以通过电话或其他联系方式
- 主要是为了指引你的研究方向，而不是教你如何做你选定的项目

对于为期一年以上的大项目，你可能会在一年内跟导师见面若干次。

成功的关键

导师的支持对于项目的顺利完成影响巨大。一个好的导师，不用太多的给予，就能给你正确的指引，使你避免走一些弯路并能找到解决棘手问题的好方法。

Jocelyn尴尬地发现，她有时害怕见导师

无论你多长时间见导师一面，你都需要：

- 合理期待
- 充分利用提供给你的任何会议和支持
- 形成良好的工作关系，这样你在咨询建议或确认某些细节时感到更加自信
- 理智处理关系

本章为你概述通常从导师那里人们可以获得哪些指导，以及如何有效地处理与导师的工作关系。

发现：指导

你获得了哪些背景资料帮助你了解需要做的事情？VLE或部门网站上提供了什么信息吗？

6.1 导师能为你做什么

你能从导师那里期待获得什么帮助

这取决于研究的层次、主题和学院的规章制度。从广义上讲，通常包括如下方面：

- 明确与导师见面次数及如何与导师预约会面的细节
- 如果你正在纠结一个研究主题，你知道跟谁联系及如何联系
- 知道如何获取你需要的帮助或资源
- 跟导师至少会面一次（面对面、电话会议、Skype和其他视频会议），讨论你的选题
- 通过亲自会面或小组讨论，导师会告诉你需要做的事情，从哪里知道项目评分标准及如何解释条款
- 指导你最初的选题是否能够被接受，你的方法论是否合适
- 把握你选题的优势或需要进一步补充的地方
- 指引你去哪里寻找背景研究材料
- 回应研究中某些方面时而出现的疑问
- 跟导师至少会面一次（面对面、电话会议、Skype和其他视频会议），讨论你的工作进展

鉴于研究背景和规模的不同，你也可能接受如下帮助：

- 授课式小组会议讨论核心方法论问题
- 召开小组会议互通有无，分享管理项目上的一些技巧
- 与导师单独会面或召开小组会议解决棘手问题

期望导师做如下工作，则不现实：

- 每天见面
- 告诉你做什么

- 为你找材料，而不是指点你正确的方向
- 成为你生活中一个特殊的人或者朋友——虽然他们应该为我们提供一个建设性的、友好的工作环境。

导师可能期望你做的事情

你的导师也会期待你完成如下的事情。想想你能实现哪一条。标注出你不能做的事情。然后想想你需要如何做才能完成导师的期待。

☐ 找到一个有趣的研究方式。

☐ 会面准时并做好准备工作。

☐ 有责任心，自主学习，知道需要做什么、什么时候做，规划工作。

☐ 与导师会面后思考如何进一步展开工作。

☐ 清楚你要从导师那里获得什么专家指导意见。

☐ 与导师会面或召开小组会议时提前准备问题（如果相关的话）。

☐ 确认对问题的回应不是网上、手册上或讲义中的既成答案。

☐ 在会议期间对导师的推荐和达成的一致观点做笔记。

☐ 结合建议完成讨论过的工作。

6.2 有效利用与导师会面时间

每位学生与导师见面次数有限，因此要最大限度利用。

认真接受建议

导师是你所研究的领域的专家，能指导学生成功地完成研究任务。他们可以为你提供非常有见地的观点。如果他们给你指明了一个方向，你不一定非要严格遵守，但是仔细斟酌将使你受益匪浅。

咨询专家意见

定要就下面的问题咨询导师：

- 你的项目是否能有效管理
- 你的项目是否设定在你目前研究阶段一个合理的水平上
- 他们是否意识到有些重要的研究与你的项目相关，而你没有在文献综述里提及
- 你的标题或假设是否很好地措辞
- 对道德、健康和安全问题的担心
- 是否可能违反规定，或可能以某种方式影响到课程或大学的声誉

有效管理导师指导时间

确认以下建议哪一个对你适用，把它列入计划中。下页的列表会帮助你理清思路。

☐ 做好第一次会面的准备，主动联系导师。

☐ 会面之前准备好一系列问题。

☐ 注意问题的优先次序，以免时间紧张。

☐ 检查上一次会面的笔记。确保上次达成共识的问题你已经做好。

☐ 确认你是否结合导师上一次给的建议完成了工作的某些方面的任务。如果是的话，下一次会面时汇报工作或提交任务。

☐ 清楚导师是否希望或准备好在会面之前提前阅读你的相关工作。

☐ 如果是的话，提前多长时间给他们？

☐ 他们特别想看什么？什么时候看？

请求帮助

如果确实有困难的话，一定要请导师帮忙。然而寻求帮助之前，自己必须已经认真地处理过这一问题。告诉导师你已经尝试的办法，什么是可行的，什么是不可行的。这将有助于你的导师更精确地找到问题所在，并且认真对待你的工作。不要指望你的导师回答一些小问题。

保持联系

遵守与导师的预约；如果需要，安排好下一次的会面。如果你已经决定改变研究方向，要让导师知晓。

如果你热衷于研究某一特殊学科，你很可能会忽视导师的建议。通常当学生决定不考虑导师的建议时，他们在与导师会面时或问题出现时感到非常不自在。

如果觉得你和导师的关系恶化，或没有跟进他们的建议，仍然要保持联系。虽然这让你感到沮丧，但是与导师失去联系后果很严重。如果你没参加导师专题会议或没有通知他们你研究项目的变化，后期出现问题的话对你非常不利。

6.3 指导

谁是我的导师？	
多久见导师一面？一共会面几次？	
什么时候在哪里见面？	
预约单独会面有什么要求？	
每次见面多长时间？	
有小组讨论吗？有的话，举办的目的是什么？	
与导师见面之前我需要做什么？	
我要带什么去见导师？	
与导师会面一般做什么？	
见完导师之后我要做什么？	
导师会为我提供什么帮助？	
导师不会提供什么帮助？	
学院关于导师指导规定或守则中明确了哪些要求？	

第二部分　选题

什么是选题阶段?

选题是论文写作中一个非常重要的步骤。一个好的选题能使接下来的研究有条不紊，其目的如下：

- 整理初始论点形成一个切实可行的论文大纲
- 尽早制定一个受认可的论文大纲，使自己有充足的时间去完成它
- 向自己，如果有必要的话，向其他人阐明自己的研究计划是可行的
- 准备基础工作，收集所需数据或材料
- 如果有要求，获得许可

我需要做什么?

不同的学科对论文选题的要求不尽相同。有的学科需要提交给课题组或道德委员会一份带有小型试验结果的详细选题。而有的学科则只需要提交一个题目和一份粗略的大纲——或者一份文献综述或者章节总结。

为了让你更好地规划你的研究，你要充分了解选题所包含的各个阶段，包括分析任务摘要到搞清楚你的研究主题及研究方法。即使没有要求你写一份详细的选题，这样做也是非常明智的。

选题阶段包括的几个方面

了解摘要，确保选题与其一致。

做背景调查，从文献检索到撰写文献综述初稿，确保选题是基于学科研究领域之上的。

选定一个话题、题目或者假设，使你的研究有方向。

确定方法论，弄清楚为什么要选择这种方式来进行研究。

选择研究方法，并试用一下，在最终确定选题前确保它们是可行的。(见第三部分)

全面考虑论道德规范，确保研究符合道德规范的政策。

详细地计划与准备，使研究具有可行性，并能够进一步开展。

按要求撰写选题部分。

第二部分的目录

接下来的章节将会帮助你思考准备以及撰写选题部分的有关事宜。

学生们如是说……

我迫不及待地想要开始真正的研究，那就是分析电影中的影像资料。但是导师却坚持让我写选题大纲。当时，我觉得这简直就是浪费时间，难道不是应该最后写吗？他一直强调“规模”、“范围”、“方法”和“方法论”，我都不屑一顾，对于前人的研究和研究方法我也不屑理睬。

我的论文这么具有独创性，看别人写的有什么意义？无论如何，我要做这个研究。可是后来，渐渐地，我开始理解原来前人做过那么多研究，取得过那么多的成果，我需要了解的有很多。现在想来真是后怕，如果当初我没有在选题提纲上下一番功夫，我的论文将会是怎样地一团糟啊。

在我们组，出错的主要方面竟然是伦理问题。我们都自认为是善良成熟的学生，连一只苍蝇都不会伤害，所以我们的提纲绝对会符合伦理规范。令我们惊讶的是，我们还需要一丝不苟地考虑很多事情，这样才能尽善尽美。

计划！计划！计划！这就是我的导师的要求。所以我做了很多计划，但由于某种原因，我就是不想把它写下来。我可能是担心自己了解的还不够多。后来我收到了导师的“最后通牒”——极不情愿地写了提纲，交了上去。提纲返回来的时候，导师跟我谈了很多要点。虽然不是关键的要点，但我知道了自己在哪些地方可以做得更好。主要是她告诉了我非常有用的捷径，节省了我很多时间。

我确信我的论文一旦完成将会非常精彩，但这些“亮点”不能在选题提纲里闪现。

我不断地拖延写提纲，因为我担心我不能清楚表达我的观点。果不其然，我的提纲被退了回来要求重写。导师说我的基本原理与观点是混乱的，不能明显地看出它们是如何匹配在一起的。我不得不努力思考我的观点到底是什么，后来我发现了我的观点中存在的一些冲突。出现这个问题的原因是我硬把许多很有趣却不相关的材料放在一起。我不知道如何删掉部分材料，但是后来删掉之后效果确实更好了。

我天生就是一个爱做计划的人，总是制定一些明细表，所以我非常乐意写论文提纲。

当导师告诉我们小组要花更多的心思写论文提纲时，我还沾沾自喜。结果证明，我高兴得太早了，因为我在这部分花费了太多时间。当最后每个人都上交了提纲并获得通过时，我还在极力润色我的提纲。最后我只有很短的时间去进行真正的调研，尽管我的计划很“漂亮”，却只能仓促结束。

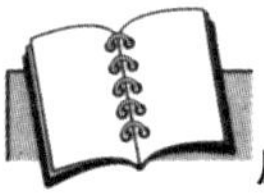

反思：制定提纲

从其他同学对他们论文提纲的反思中，你学到了什么呢？

第7章

理解任务摘要

什么是任务摘要?

“摘要”在前面已经介绍过了。它规定了要想使论文通过必须满足的一系列要求。

- 你需要提交什么
- 提交论文的安排
- 写作和评分标准
- 论文的常规性指导

提交内容

摘要一般明确以下事情:

- **论文包括哪些项目**:除了终稿,你还需要提交暂定内容,如论文大纲、文献综述、小型试验结果或者是一份正式的选题提纲。
- **内容**:提供一些可供选择的话题和不允许选择的话题。
- **长度**:字数或页数限制,以及是否包括图表和附录。
- **方法**:你可能运用的方法论、方法、技术、工具或软件。

提交论文的安排

- 方式:通过何种途径交给谁,交到哪儿
- 时间限度:提交的截止日期
- 提交:格式、结构、布局和装订

写作和评分标准

你的课程材料或者部门、机构的网址,或者虚拟学习环境会提供以下细节:

- 对于这个层次的研究,高分的标准是什么
- 什么样的研究能获得高分
- 审查者的评判标准

论文指导

你也许还会得到如下指导:

- 授课式课堂中提供的一些细节，如专业研究方法
- 研究着手点——原始资料或者网站
- 可以利用的数据库和专业工具
- 关于何时、如何与导师联系的细节
- 从同学那里获得的帮助

7.1 全面审视任务摘要

充分利用任务摘要

在已完成的项目前面打☑。

☐ 至少阅读任务摘要两遍。
☐ 根据下面的指导和一览表仔细检查。
☐ 标注重要的条目，或者加下划线。
☐ 标注出必须达到的要求。
☐ 用不同的颜色标明你可以有所选择的方面。
☐ 用自己的话总结任务摘要。
☐ 重新组织任务摘要，列出一览表，除非该一览表满足需要。
☐ 在日志中计划好时间，再次参看任务摘要以免遗忘要点。
☐ 在日志中计划好时间，研究结束后再次检查是否符合摘要的要求。

分析任务摘要

仔细分析任务摘要，注意每一个细微之处，考虑你的论文能否达到要求。把任务摘要与评分标准和其他指导性建议放在一起研读。找出以下这些：

目的： 为什么这类的任务或任务摘要被视为课程的一部分？

输出： 确切地说，我需要写什么？拓展性论文？学位论文？项目报告？还是其他的形式？

中期提交内容： 在提交终稿前还需要提交审查资料吗，如题目、提纲、参考资料、实验结果、草稿或具体章节？

规则、规范和格式要求： 标准是什么？允许做和不允许做什么？话题是自主选

择的还是定好的？题目是自主选择的还是定好的？字数限制是多少？

道德标准：提供了哪些道德标准？我需要考虑哪些主要问题？有没有一个道德小组评价我的选题？如果有，它主要检查什么？

截止日期：截止到什么时间？需要提交什么？

标准：“好”或“坏”或“一般”的标准是什么？如何才能得到高分？“及格”的标准是什么？

使用评分标准

检查一下看你是否理解了所有的评分标准，如果有疑问，要请教导师。

认真考虑以你的研究为前提每条标准的含义。

展示标准，使你在研究中能够参考这些标准。

使用它们来指导你的研究。

定期回头检查这些标准，包括在你开始或者结束一部分或者一个章节的时候。

仔细对照你的研究和这些标准。

如果没有达到这些标准，就要**修改**你的论文，即使需要大量的改动，甚至重写。

一览表和研究日志：

- 利用下页的一览表明确任务摘要。
- 集中注意力，拟定相关细节。在论文日志中记录你的观察结果。

反思：任务摘要

- 你之前的工作多大程度上利用了任务摘要来指导你的研究？
- 应该如何利用提供给你的任务摘要和其他指导？

7.2 分析任务摘要

☑认真检查每一项，确保你已经考虑周全，并彻底理解了摘要对该方面的要求。做好每一项的笔记。

目的	□ 我为什么要做一个研究报告或者学位论文？ *为什么课程要设置这样一项任务？* *他们希望我通过这项任务展现哪方面的能力和知识？*
结果	□ 确切地说，我要做出一个什么样的成果？ *拓展性论文？学位论文？小论文？项目报告？客户摘要？还是其他？*
标准	□ 评分标准是什么？ *审查者判断论文是否通过的标准是什么？* *我需要怎样做才能得高分？*

研究选题	□ 我应该在何时、如何与导师就研究选题达成一致? □ 在这一阶段我应该提交什么样的选题?
其他中期提交内容	□ 在提交终稿前我是否还需要提交其他审查资料? *如果是,我应该具体提交什么? 提交给谁? 怎么提交?*
截止日期	□ 最终提交日期是什么时候? 在那时我必须提交什么? □ 研究选题的提交日期是什么时候? □ 其他中期提交内容的截止日期分别是什么时候? □ 如果成果需要专业装订,截止日期是什么?
长度	□ 字数最少应该不低于多少? □ 字数最多应该不超过多少? □ 这些字数包括参考文献、图表、附录和摘要吗? □ 包含的插图和图表有一个最高字数的限制吗? □ 页数有最高限制吗?
主题	□ 我所在的学科领域中哪种研究主题比较典型? □ 主题是给定的还是可以自己选择? □ 对于可选的主题有什么限制吗?
标题	□ 在我的学科中,典型的标题是按照规范拟定还是可以自由拟定? □ 在进一步研究以前,标题需要通过审核吗?
假设/研究问题	□ 需要提出自己的研究假设吗? *如果是的话,应该怎样提出?* □ 需要提出一个研究问题吗? *如果是,应该包括哪些内容,有字数限制吗?*
数据和资源	□ 需要收集哪种数据或者资源? *数字数据? 文件? 图像? 电影? 照片? 采访? 等等?*
方法论和方法	□ 需要采用某种特定的研究方法论吗? □ 应该用定性还是定量分析法? □ 需要采用某种特定的研究方法或技巧吗? □ 需要试用我想采用的方法吗? □ 如果是,需要在选题阶段提交试验结果吗?
伦理思考	□ 需要考虑什么样的伦理问题? *如何收集和存储数据? 如何与参与者合作? 隐私与保密问题?* □ 需要向伦理委员会提交材料吗? *如果是,应该提交什么? 提交给谁? 什么时候提交?*
结构	□ 有必须遵循的特定结构吗? □ 应该有多少部分或章节? 每部分应该是什么? □ 每一部分的相对长度是多少? □ 需要什么类型的论文摘要?
风格	□ 写作风格应该是什么样的? 每一部分之间应该有变化吗?

引用与参考	☐ 可以采用哪种风格的参考文献？ ☐ 需要单独写一份参考书目吗？
提交	☐ 研究应该如何提交？ ☐ 需要装订吗？
论文答辩	☐ 有论文答辩吗？ ☐ 如何有，什么时候举行？仅仅一部分还是所有的学生都要参加？
理解任务摘要	☐ 我真正理解任务摘要了吗？如果没有，应该怎么弄明白？ *查询你的学科文档或者院系网站，看看能否找到答案。如果找不到，再去咨询导师。*

第8章

选择你的主题和标题

最重要的任务?

选择合适的主题，可以说，是项目中最重要的一个方面。选题要大量的思考，还要注重实际性：不单单要考虑你想研究什么，还要考虑什么值得研究，什么研究是可行的，是否可以达到你的长期需求。

有些学生很多年以来就明了他们的论文想要研究什么，至少从广义上来讲是这样。当机会来临时他们热血沸腾。然而对他们来说，关键的问题是如何找到精确的主题。这些学生往往很少或根本不知道选择什么主题，甚至如何思考这个问题。

意识到他的研究思路可能和最初想的不一样

曲折的选题之路……?

找到一个恰好适合你的主题很重要。选题之路可能会出乎意料地顺利，也可能异常漫长、曲折、艰难。你可能要经历多次选题。看起来非常棒的主题，进一步验证可能并非如此，或是太大、或是太小，或是已经被研究过多，或是费用太高，或是太费时，需要太多的参与者，或出现一些困难无法进行。

如果你非常希望开始一个好项目，如此迂回蜿蜒的选题之路一定会让你心生厌恶。然而，如果你用了足够的时间来调研有可能性的主题，并以一种建设性的和开放的探求方式，那么这一过程本身是很愉悦的。在选题的过程中，你会获得大量的背景知识，更广泛地了解你的主题，获得非常有价值的见解，知道哪些方面已经被研究过及研究的方法。从长远来看，这可能比过早选定一个主题更有价值。

本章提供了一些选题的好点子，告诉你应对这一挑战不同的方法，如果其中一种方法没有奏效，别的方法可能有帮助。这一章还将指导你如何从广义上构建一个选题，以及选题时忌讳的事情。

8.1 怎么才能选个好的主题?

有激励性的

如果你能做到如下几点，可能会更坚定地完成研究：

- 这一选题能点燃你的想象力
- 这是一个你认为非常有趣和值得的主题
- 你能看出这个主题与你的职业、工作、个性、家庭或兴趣的相关性
- 当你做广义学科领域研究时，想更多地了解这一主题
- 你想今后深入研究这一主题，例如把它作为学位研究

寻找一个能让你在很长时期内受启发和保持热情的主题。通常一年期的论文或项目名义上需要400小时；硕士或学位论文需要几年。这是一个长期的工作，兴趣很重要。

有挑战的

你的研究课题要有一定的难度才能符合你的研究层次。它需要足够复杂来扩展你的智力，增加你的经验和提高你的技能。然而，你还要考虑到课题的实用性及准时完成写作。最好的主题要难易适度，既不能高不可攀，也不能过于简单。

“高不可攀”意味着无论你的选题如何引人入胜和重要，你都不能在规定的时间内用规定的字数完成它。如果你想到这样一个主题，可以考虑把该选题进一步缩小，侧重一个特定的方面。你可以通过这个研究来了解今后如何更深入地探究这个主题。

Irma的问题不是缺少“雄心壮志”，而是研究的话题太有挑战性了

有基础的

选择一个你已经打下良好基础的主题。如果你的主题符合如下几点，你就能够很好地管理项目或论文：

- 它让你深入研究一个你最近正在学习的课程
- 你已经对它做了一些背景知识的阅读
- 你对这个主题的辩论、理论和方法论有很好地把握。

可行的

规模

主题不能太大或太复杂，否则你不能在规定时间内用规定的字数完成必要的背景资料阅读、信息收集和研究分析。

伦理

主题需要符合伦理要求：参见第12章。

资金

你要能够负担得起所需的差旅费、材料费用和资源成本及潜在的隐性成本。

独创性

主题不能太具有开拓性，否则你的文献综述很难借鉴和汲取其他的参考资料。

8.2 我的主题需要什么样的创新性？

扩展知识

你的学位论文、小论文或研究报告需要有原创性。这意味着没有人曾经用过一样的研究团队、数据、资料和方法做过对这一主题相同的诠释与理解。在这个意义上，你促进了这一主题的发展和延伸。

角度创新

如果你还没有想好一个主题，“创新研究”似乎是非常严峻的挑战。记住要保持角度创新。创新，并不意味着你必须要寻找一个新话题。实际上，如果你的主题是前人从未涉及过的，你的研究将异常艰难。因为在研究中你需要展示如何对已有知识和理解的借鉴并进一步发展。“原创性”一般是指在已经发表过的这一主题的研究中寻找新的角度。

以前人的研究为基础

你会在自身的学术背景下进行研究。假定你会这样确定一个主题：

- 理想情况下，你的老师们在这一领域有一定的专长
- 有一些已经发表的有关这一主题的文章供你借鉴参考
- 通过已经发表过的关键文章追踪这一主题的思路和研究
- 这一主题有一些既定的方法可以采纳和调整

找到你自己的角度

你对这一主题崭新的研究使知识得到进一步的发展。你的创新可以采取不同的方式。下面列举了几种。

复制——用自己的研究方法看看是否可以复制前人的研究结果，或者验证自己的研究方法是否适用以往的研究。你的创新性可能有限，但这是一个独特的研究。你的数据或发现是具有创新性的，因为你对这一主题的分析和研究方式与以往是不同的。

选择新的变量——改变以往研究中的一个或多个变量，如温度、位置、时间、速度等等。

改变研究对象——选择与先前研究不同的研究对象，可能是当地社区的居民、你的同事、或者比较常见的，你所在学校的一部分特定的学生。

以客户为基础——代表一个特定的客户，例如为一个雇主、当地企业或慈善机构做项目研究。

以产品为基础——把研究结果应用到生产一个传单、海报、网站、玩具、设计、或工业或商业产品。

比较研究——研究哪两个产品或理论更好。

另见：“寻找灵感”。

反思：独创性

- 你对自己项目的创新性有多大信心？
- 如果你不确定，在选题前与导师谈谈。

8.3 寻找灵感

起点

考虑那些你认为特别有趣的领域，如：

- 课堂上涉及的材料
- 背景阅读时看到的一篇文章或书中的一个章节
- 在网上找到的博客
- 你想深入研究先前一个任务中的一个角度
- 一个新闻专题
- 工作场所的一个重要问题
- 新兴的讨论话题

想想你如何能通过原始材料或通过收集自己的数据深入跟进这些主题。

强化阅读,确定主题

做背景研究时，努力寻找合适的主题。

- 注意研究中反复出现的主题，特别是某些研究领域中略微不同条件下的相似假设。思考你是否能够在新的条件下做相似的假设和研究。如果可以的话，不同之处是什么？
- 浏览期刊和书评寻找选题。思考下一步的研究应该如何切入，你的研究是否能够对这一主题的发展有所促进。
- 看看有关这一主题的其他论文。别人选择了什么样的主题？你如何用一个不同于他人的方法切入这个主题？

研究空白

注意那些曾被提及过的仍然处于研究阶段的领域。你可能从你的讲师、书评、期刊、电视节目中得知，或通过自己的观察了解。

这些研究结果或讨论环节经常指出研究本身存在局限性，有待进一步深入。这些研究空白可能为你提供一个研究主题。

行动建议

思考你是否想做一个实用产出性的研究。实用性研究通常与工作紧密相关。如果你受雇于某家公司，那么你的研究可能对老板和你的工作前景非常有帮助。如果是这样的话，跟老板谈一谈。另外，你所在学院或大学的职业服务中心也可能帮助你联系一些公司。

确定你的切入点

找一个与你、你的家庭、工作、背景或社区相关的角度。例如，思考一个课上曾经讲过的理论是否适用于每一个人或任何一种情况。如果不是的话，那可能就是一个切入点。

明确你的目的或理由

明确你选题的理由以便于你能跟导师解释它的相关性和意义。选题的重要性是什么？为什么这是一个好的选题？创新性在哪里？你为什么对它感兴趣？

8.4 拓宽——缩小

虽然你可能会很幸运非常快地找到完美的选题和理想的标题，但是通常情况下学生们要经历长时间的寻找、思考、阅读、尝试、与他人沟通、调整和一些不眠之夜才能最终确定选题。

拓宽范围

- 不要太早定下一个选题。一开始要开阔思路、考虑各种可能性。
- 到各种地方寻找灵感，不要只关注最显而易见的。
- 进行初步的文献检索，拓宽你的思路（第9章）。
- 把能够激发你的兴趣的或值得进一步研究的选题列一个“长长的清单”。思考针对这些选题你能提出哪些问题或假设。

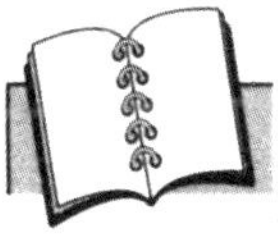

反思：什么样的选题是好的？

- 哪些是你所在学科领域中典型的学生论文的选题？
- 你的选题方面有什么限制吗？

缩小范围

一旦你列好了选题的范围，思考其中哪些更能激发你的兴趣。

- 设计选择的标准。
- 从列表里一个一个剔除。
- 选定一个大的研究领域。
- 选择最感兴趣的领域。

再一次拓宽范围

一旦你缩小范围最终确定了一个主题，再从不同的观点探讨这一主题。阅读资料。看看针对这一主题已经做了哪些研究。把你感兴趣的问题和角度列一个“长长的清单”。

消除

在下列一览表中消除：
- 很难解释清楚的选题
- 很难调研的选题
- 太昂贵的研究
- 太耗时的研究

和/或
- 可能引起复杂伦理问题的研究
- 违反部门的伦理规范的研究
- 有限字数内难以解释清楚的研究
- 不能维持兴趣的研究
- 太受其他学生欢迎的研究

指定

- 选定研究的主题。
- 指定这一主题的哪个方面：你的研究有助于回答什么问题?
- 寻找可管理的研究点，如与项目相关的某一特定研究对象、时间表、项目集。
- 进一步精确你的选题直到你明确了调查的问题或制定了研究假设。
- 然后，集中阅读与题目相关的具体材料。

继续明确你的选题直到你为任务摘要确定了一个足够挑战又可驾驭的选题。

8.5 发展思路

广泛阅读

想找到好的选题除了阅读没有更好的方法了。即便相关的资料很少，阅读也会为你提供好的点子和新的角度，其中有些观点可能非常有价值。如果你发现你的思绪停滞不前或者乏善可陈，浏览书店或网上的文章寻求新的灵感。

自由联想

花上几个小时记下你反思这一主题时的所有想法。然后，重新阅读你最初的笔记。选择值得进一步发掘的好点子。添加新的想法，再次选择，然后重复这一步骤。

边运动边做笔记

休息一下，做些运动。去散步，和朋友谈谈你的想法，听取他们的意见。这会开发你大脑的不同部分。随身带一本笔记本记下产生的想法。

关联

你的大脑可以把很多事物关联起来，也能帮助你把主题的相关材料组织起来形成一个大的网络。

• 做一个视觉网络或图表来捕捉和组织你的想法。你也可以在电脑上做，并不断地补充。

• 或者，在你房间的墙上挂一个巨大的图表，便于你观察并反思你的想法、参考资料和你收集的信息。

你可以移动或增加图表中的项目，重新组合。这样可以帮助你看到其中的关联，发现之前并不明显的角度。

把它写下来

虽然你觉得当真正确定选题的时候再动手写更好，许多人发现，把想法写下来有助于促进思考。

即使写作的过程似乎很难，但是只要把想法写下来就会给你一定的帮助：

- 确定你已经知道了什么——可能比你预想的要多
- 发现自己知识上或思维逻辑上的不足
- 看清你的思路或材料的发展方向
- 思考还没有理清的观点

8.6 选题时应该做的……不能做的……

应该做的……

理由明确

确保你能提出很好的选题理由和研究方式。

- 列出你的理由。
- 反复阅读，思考他们是否有说服力。

写下你对以下核心问题的回答：

- 你研究的目的是什么？它旨在回答什么问题？
- 你的研究如何进一步阐释这一课题的研究现状？
- 在你的学科领域中，你的研究的重要性是什么？

概念清晰

思考你的研究思路是否会使读者困惑。尤其是你研究的东西是否过多，例如把不同的观点混在一起。如果是的话，把观点理清，并考虑可否进一步精简，仅仅侧重几个观点，或是其中的一个。

方法得当

在确定选题之前，想想你如何收集处理你所需要的数据或资料（见第三部分）。不要选择很难操作或操作起来非常复杂的项目。否则后期你可能需要更换题目，最终难以按期完成任务。

不能做的……

野心勃勃

如果你对一个要求异常高的课题感兴趣，只选择这个课题中更易于驾驭的某一方面来研究。你可以通过以后的学位研究深入探索。

难易程度不统一

虽然你将要从不同的材料中综合观点，但是当你借鉴不同的研究方法时，要精心选择。确定这些方法论难易程度是一致的，这样你的目标才不会模糊或混淆。避免那些概念上或设计上过于复杂的题目，否则你将要用大量的字数来诠释它们。

缺乏研究基础的题目

当发现你感兴趣的课题没有什么阅读材料，你可能觉得很欣慰：因为你掌握了所有的东西。然而，这样的话题即使是专家也是很难深入研究的。

风险是：

- 很难证明你的研究是建立在以前的知识基础上。
- 你很难借鉴以往的研究，例如某些既定事实。
- 很难找到足够有用的背景材料，你可能最终使用不直接相关的材料来做研究。
- 选题的理论基础可能不夯实，使你的主题显得没有分量，或者你需要自己充实理论基础。
- 你要弥补这一背景知识和理论等方面的空白，这是很难做好的。它需要时间，并占用你的字数。

选题只是为了与朋友一起工作

如果你对话题不感兴趣，

- 你不太可能保持动力。
- 你不可能找到自己的角度，所以很难创新。
- 你可能抄袭他人的研究。

8.7 有关选题：学生们如是说……

扩展知识

我的老师说："太阳底下无新事"。我发现这对我很有帮助，因为它让我意识到，一切事物都与先前的事物有关联，但在某些方面又有变化。这鼓励我去参看以前的研究论文，把它们作为研究的基础，并帮助我找出新的角度。

论据

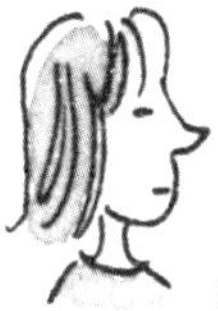

我一开始就打定主意硕士论文要研究什么。

我异常兴奋，坚持己见，虽然学院对此反应很冷淡。他们认为这个想法不错，但之前没有这方面的论文可以作为背景基础和论据。他们不确定我是否能写出论文来……事实证明他们是对的。我后来拼命寻找文献或能够帮助进一步我打开思路的东西。

独创性

我一开始不太明白什么是"创新性"研究。我想应该是研究别人从未想到过的事情，于是我就开始忙活起来了。我无法想象如何能搞懂一个别人从未探索过的领域。我还以为别人都能做到，而我在某方面有所欠缺。如果有人告诉我学生论文中的原创性意味着什么可能将会对我非常有帮助。

规模

我一直想研究水栽培，论文也打算写这个题目。

我在学院的墙上种了很多植物，心想着展开一场食品革命。我对此兴奋不已，根本没有想到其他各种实际和成本问题，还有就是这样做也是不允许的。我很气馁。后来，一个同学建议我做水栽培的理论研究，既对我未来有帮助也不会花费太多钱。这是一个天才的想法，虽然我通常不喜欢理论研究。但是对于这个主题，我很感兴趣，因此对这个项目很着迷。

符合摘要

对我们有关土地保护的项目我很快就有了想法，是关于我的家乡，我很兴奋。

我思绪满满，很快把它们打印出来。这又激发了我其他的想法，我就开始洋洋洒洒地写上了。后来我听到其他学生谈论自己的论文，感觉不妙，我可能没有仔细阅读项目的要求。我回去看了看，这时才意识到我的想法不符合项目的摘要。项目必须基于一个沿海地区，而我的家乡不是沿海城市，我不知道为什么我之前没有看到。

8.8 指定你的标题

选择标题

标题是你的读者第一眼看到的东西；它也可以是一个搜索条目被记录到数据库里，所以标题的正确性非常重要。标题最好是简单的。选定一个核心语句或问题直截了当地告诉读者你的研究是什么。如果你做不到的话，这可能表明你尚未充分搞清楚你的研究主题。你可以通过子标题详细阐述这个标题。

一个好的标题……

- **是明确的**：它能让读者明白你的研究项目或论文是有关什么方向的
- **是具体的**：它设置了研究参数，设定了研究界限：时间、地点或研究对象，使你无需阐释界限外的问题
- **包含问题**：使读者明白研究解决了什么问题（即使标题本身没有措辞为疑问句）
- **是精确的**：标题要剪短干练，同时仍保持清晰
- **符合规范**：标题可采用惯例，采用前几年发表的论文或期刊文章中的标题。

表述标题

标题的写法根据研究主题的不同而变化，所以确认你的研究方向中标题的风格。看看杂志上的文章标题是如何措辞的。如果你的标题偏离了模式，跟你的导师谈谈。

例子

化学物质X的使用对于促进XYZ水稻的生长。一项检测史密斯和布洛格斯对ABC株水稻的研究结果（2010）是否适合其他稻种的实验。

使用子标题

有时学位论文和长篇文章的标题包含一个语句或引用，通常是吸引人眼球的、话题性的或有争议的，随后跟着一个子标题，具体指明研究方向，这在艺术、人文和社会科学学科尤为常见。

例子

“为时已晚”。对地方政府的干预未能改善新酸城镇水污染水平的分析，1986—1995。

狂风和杂草。自然意象在弗恩·格鲁宁和伦敦路面诗人诗歌中的使用，1920—1939。

“消失的神秘房子”。以饿狼为主角，对在三只小猪领土上的两个房屋在很久很久以前无故被拆的案例分析。

8.9 我的主题有多好？

在你确信已经全面考量过并认为已经满足标准的那一项前打☑。

☐ 研究主题能够激发我,使我感兴趣。
☐ 我已经了解了一些该主题的东西。
☐ 我有理由保证能在研究期间保持对这个主题的兴趣。
☐ 我知道我的论文或研究假设是什么。
☐ 我知道如何把这个想法发展成一个合理的选题。
☐ 很明显,我的选题将会被归为我所在学科的范围内。
☐ 我的导师或其他导师是这一领域的专家,能够给我适当的建议。
☐ 它符合课程设定的要求。
☐ 它能使我符合高分奖的评分标准。
☐ 我可以看到在这一领域的某一点上我做的创新性贡献。
☐ 它提供了一个不同的角度,或使用与以前研究不同的数据。
☐ 我可以提供研究这一主题明确的和令人信服的理由。
☐ 有先前的研究文献可供我借鉴。
☐ 我可以参考确定的理论框架。
☐ 我可以借鉴既定的研究方法。
☐ 这个研究为我提供了符合目前水平的挑战。
☐ 我需要的数据或信息可以直接对照整理。
☐ 我需要的信息可以在公用域获得(如果相关的话)。
☐ 这一主题易于展开有趣的争论和辩论。
☐ 我能在给定的字数内完成对这一主题的研究。
☐ 我能在给定的时间内完成对这一主题的研究。
☐ 我想好了合适的标题(见下文)。

评估我的标题:一览表

我选定的标题有下列优势☑

1. 它很清晰,读者明了我的研究。
2. 它很具体:设置了参数,定义了研究范围。
3. 它适用于研究包含的材料。
4. 它间接或直接地包含了研究问题,指明了研究方向。
5. 它很精确:既不过于花哨也不啰唆。
6. 标题的措辞符合学科规范。

第9章

文献检索和综述

任何一个项目研究报告都应包括一个章节或部分，论述这一主题中最重要的材料。这部分通常被称为“文献综述”。

检索和综述的目的

做文献综述的原因包括：

- 拓展研究领域的宽度
- 了解你的研究主题一般是如何完成
- 为自己的选题获得灵感
- 明确前人的研究状况，确立自己的研究方向，找到创新点
- 把自己的研究融入到文献综述中

文献综述的几个方面

文献综述基本上是项目报告的开头部分，列为单独的一个章节，主要包括三个步骤：

- 搜索已出版的与主题相关的材料
- 认真阅读材料，仔细分析并选择要引用的部分
- 批判性地写到项目报告中

一个渐进的过程

做文献综述贯穿于项目研究的始终。这个过程是渐进式的。

9.1 渐进的过程

过程	文献检索和综述的各个方面
	初步浏览,确定已出版内容的范围 ↓
	记录可用的数据库或文献的细节 ↓
	具体搜索相关材料,检查质量 ↓
	甄选阅读材料 ↓
	深度阅读所选材料 ↓
	思量如何从文献中获取灵感、理论、方法及背景资料 ↓
	从所阅读的不同材料中找一处联系 ↓
	决定引用哪些文献,占用多少篇幅 ↓
	撰写文献综述 ↓
	重新参考文献中的方法和方法论,进而找到自己的研究方法 ↓
	分析自己的数据或材料之后,重新参照文献中的内容并与之比较 ↓
	参考文献,获取选题方向 ↓
	得出选题结论或建议时重新参照文献中的内容 ↓
	继续阅读,确保上交的选题是最新的 ↓
	可行的话,根据近期发表的材料调整文献综述和你研究的其他方面 ↓

9.2 文献检索

早期阶段

早期阶段的文献检索更像是在研究领域里的一次探险。在初期阶段，大量阅读，浏览文献，以获取对所研究领域的广泛了解。找出已经出版的文章、其作者及出版时间。不要过早地精读材料。不要花费过多时间深度阅读与你的选题可能无关的文章。

初步检索

初步检索可以帮助你：

- 整体上开始工作
- 获得可用选题的灵感
- 了解所在领域研究的质量与深度，确保你在文献综述时有足够的可利用材料
- 提供一个方向——指导你做文献综述时去哪里能找到最佳的信息——数字数据库、学术期刊及特别收藏
- 熟悉检索和综述中反复出现的专家的名字，以便于今后进一步阅读

查找

在针对某一个特定题目进行深度阅读之前,努力获取：

- 可选的研究题目
- 与该题目相关的研究类期刊
- 这个题目是否有一个坚实的研究基础和相关的材料可以应用在你的文献综述部分
- 与你的学科相关的辩论或问题
- 你所在领域的研究方式
- 你所在的学科领域中主流学派的思想和理论是如何影响问题概念化和研究方式的
- 学科范围内思维的发展方向：什么是热门话题？看待问题的新方式是否开始衍生？如果是的话，是谁在引领这种新方式？专家们如何评价这种新的观点？

从头做记录

检索文献时要做好详尽精准的记录，以便以后参考。如果记录潦草或不准确，后期寻找信息将很容易浪费时间。

记录参考文献的详细信息

把你所阅读的或是参照的所有资料列一个完整的清单。在你的作品中，需要提

供一个包含上述内容的参考书目，和你文中所涉及的所有参考文献的列表。

- 利用文献管理工具记录你使用的所有资料的详情。
- 严格遵循学院指令，根据课程要求的规范保留所有文献的细节以供参考——包括指定的序列项、缩写、标点及大小写。这看起来很繁琐，但是参考文献不精准的话，分数通常会受影响，归档前会返还给学生再次修改。

9.3 查找信息

从哪里入手

- 如果你已经有了阅读书单，就从这些开始
- 结合书单中的文献或你所在领域中专家的书目进一步调研
- 用谷歌学术搜索确认这一领域的专家及作品。看看他们在专业数据库或学术期刊中最新发表的作品
- 找出所研究学科的专业期刊范围。确定是否有感兴趣的专业期刊研究
- 浏览期刊中的书评，找出这个领域中专家们关注的方向
- 查找你在参考资料中标记出的条目，发展出一系列线索以便深入发掘
- 浏览所研究学科的主要学术期刊，了解近十年间专家学者们都做了怎样的研究。
- 向高校或大学中的图书馆老师咨询与你感兴趣的课题相关的专业数据库、收藏或是档案。看看哪些是网络资料，如果不是的话，预约多久能到，花费多少。

有序阅读

当查找信息的时候，你可能得到一些专业建议需要阅读并记录相关信息。如果觉得毫无头绪不知道从何处入手，不妨从基础做起。

- 专攻阅读文献综述和上面列出的原则。
- 大胆选择阅读你真正需要的材料。
- 真正读懂并找出你研究的方向，而不要被其他有趣的材料分散注意力。
- 有些文章你可能需要通篇读完以理解语境和结论。对于其他的材料和书籍，只选择阅读有用的段落就足够了。
- 只对将要用到的材料做笔记。
- 不要在参考文献中进行剪切粘贴。
- 用书签、标签、亮色或相似的方法标注出你认为很可能会非常有用的地方。这将帮助你在有需要的时候迅速地找到资料。

评估相关性

从两个角度明确地评估你所读到的资料的相关性和重要性：

学科领域：搞清楚为什么一篇文章在这个领域意义非凡。这通常会在其他文章或参考过它的调查研究或研究综述后明显地体现出来。

你的题目：明确地指出为什么这篇文章与你的题目是相关的。

9.4 使用专业资源

质量

对于这个阶段的研究，你应该使用专业性的资料并且能够区分出同行审评材料和为了迎合潮流或商业目的而写的作品。你也应该运用第一手资料而不是单单参照对此的评论。

同行评审材料

你所在学科领域的专业学术期刊在发表文章前一般会进行同行评审。尽管这不能百分百保证文章准确无误没有偏颇，但类似的这种同行评审还是有助于提高文章的可信性。

资料的好出处

如果你下决心去找，高质量的材料通常会比较容易获得。网络上提供了很多高质量的资源，许多都是为研究者量身打造的。要获取一般性研究搜索服务，可参见

http://zetoc.mimas.ac.uk

http://scholar.google.com

其他可以寻求帮助的地方：

- 书目数据库
- 主题门户服务器
- 专业文献合辑
- 版权数据库
- 数字典藏馆

书目数据库

你可以通过图书馆目录或是网络找到与你课题相关的书目数据库。对调查起步阶段有帮助的通数据库有：

- www.webofknowledge.com
- www.pubmed.com （医药科目）

主题门户服务器

这些服务器是由学科专家运营的，你可以通过图书馆的网站访问。

专业文献合辑

这些文件、艺术品或其他专业材料的合辑可能被收集在某一个地方，例如博物

馆、美术馆或大学。你可能需要到那个地方才能使用这些资源。使用原版资料会为你提供崭新的研究视角或能帮助你把研究变得生动有趣。然而，许多文献收藏目前在网上也可以获得了。

版权数据库

如果你发现某一个资源很难找到，可能在为数不多的版权数据库里找到副本，例如不列颠图书馆、牛津大学图书馆和美国国会图书馆。

数字典藏馆

这里有电子版本的书籍、期刊、论文、政府文件、中世纪手抄本、照片、录像和其他资料。这些资料逐年增加，不难获取。进入典藏馆后才能搜索具体的内容，但许多资料都可以免费使用，并且各种材料都做好标签，利于搜索。

www.ulib.org——大学数字图书馆

www.jstor.org——包罗万象的期刊和其他材料

http://arXiv.org——科学和统计学

Digitalgallery.nypl.org——纽约公共图书馆

Wikipedia——“数字图书馆课题一览表”

9.5 了解你的研究领域

做文献综述对于了解你的研究领域并从多视角审视它是十分重要的。运用材料，从不同角度考虑它，以便你能很好地理解在你的研究领域中哪些东西、哪些人是重要的，为什么重要。你的研究层次越高、时间越长，你越应该注意这些问题。

从以下角度了解你的研究领域。

检查下列中的每一项，回想你是否考虑过它与你的研究的关联性。如果有，在下列方框中打勾。

☐ **起源**

对你所选的主题做广泛的初步调查，追踪有关该主题的研究或研究的起源。

☐ 是谁或什么事情开拓了这个领域的研究？

☐ 他们建立了什么重要的基准点、事实或理论？

☐ **宽度**

在学科范围内广泛阅读，选出能很好代表这个领域各专家不同看法的篇章。

☐ **反复出现的问题**

标记出反复出现的主题和问题，这可能会对你的研究有影响。

☐ 反复出现的问题或辩论是什么？

☐ 专家们在哪些问题上意见不统一？为什么会出现不同的声音？

☐ 谁不同意谁的观点？为什么？

☐ 对这些问题的研究是如何随着时间的推移展开的？

☐ 在近期的文章或评论里谁的观点更受推崇？你同意他的观点吗？

☐ **思想流派**

注意在这个学科领域内主流思想如何看待这些问题。

☐ 这个领域的主要思想流派是什么？

☐ 不同流派的区别是什么？是观念、理论、方法、政治，还是其他的因素？

☐ 每个主要思想流派的专家赞成的主要观点是什么？

☐ 不同的思想流派是如何看待与你的研究相关的问题的？

☐ 你认为在这个问题上哪个流派的观点更具有说服力？为什么？

☐ **学术期刊**

☐ 找出包含你所选定主题的相关材料的专业学术期刊。

☐ 有没有哪本期刊更专注于某一个思想流派的研究？

☐ 大范围浏览期刊文献的摘要。

☐ 找到相关的文章并进行全文阅读。

☐ **相关人士**

你所在的学科领域有一些领军人物，他们的基础研究、理论或作品被学术界誉为不可不知的重要内容。找到他们所写的与你的论题相关的内容，即便你无需详细阅读他们的文章。

☐ 他们是谁？他们各自对学术界做出了什么贡献？

☐ 他们的观点代表哪个思想流派？

☐ 别人认为他们的研究中长处和局限性分别是什么？

☐ **时效性**

☐ 你所在的研究领域近期发表的研究刊物中最鲜活的问题是什么？

☐ 这些跟你的主题有什么联系？

☐ 哪些专业文章包含了这些问题？

☐ **钟摆式波动**

钟摆运动的时候时前时后，位置总是不同。学术研究亦是如此，不同时期角度发生变化，观点也随之改变。所以对于你研究的主题需要调查：

☐ 在这个问题上有什么其他观点？

☐ 此刻钟摆停在哪里？

☐ **方法**

☐ 是否有与你的研究课题相似的标准研究方法？

☐ 目前这个领域的研究方法论是否存在问题？如果有，需要注意些什么？

☐ 在这个领域中研究者是否面临着特殊的挑战？如果有，挑战是什么？为什么会存在？在你的研究中应怎样应对？

☐ **观念**

☐ 对这个课题的研究有没有什么意识形态上的不同？它是怎样影响这个课题的研究方式的？

☐ 在这个问题上你的立场是怎样的？

☐ 你怎样确保你的研究将会是客观的？

☐ **应用**

☐ 你的研究会怎样应用在所学领域里？工业中或是日常生活上？

☐ 其中是否有一项会激励你更深层次地研究这些应用？

☐ **空白**

☐ 哪些方面还没有被充分研究？

☐ 研究者们指出了这个主题的哪些方面有待深入挖掘理解？

☐ **轨迹和联系**

这个领域中已发表的研究随着时间的推移是怎样变化的？对这一主题相继的研究和理论上的不断摸索要保持清楚的认识。

☐ 思考每一个研究和观点是怎样互相影响的。

☐ 注意每一个研究是如何填补前人研究的空白的。

☐ 注意你在文献综述中所阅读的书籍、文章和论文。每篇文章参照了之前哪些研究，如何参照？

标注出贡献链……

☐ 谁对这个主题做出了贡献？

☐ 贡献是什么？

☐ 这个研究/文章的题目是什么？参考文献细节在哪里？

☐ 这个研究被他人评价了吗？如果是，优点和局限是什么？

☐ 这个研究是如何被进一步完善的？是谁完善的？

反思：了解你的研究领域

上面的哪些方面是你在这个领域里最熟悉和最不熟悉的？哪些你需要进一步强化？

9.6 文献综述的写作要点

一旦做完文献综述后你对所研究的领域有了一定的了解，就要开始考虑以下方面：

- 其余部分的研究重点放在哪方面
- 下一步怎么深入跟进
- 在你的文献综述中应该归入什么内容

下列准则会帮助你更加合理地安排这部分的进程。

集中精力

当你越来越确定自己要写的主题时，你在阅读资料时应该着重以下几方面：

- 内容要专业
- 与你的题目相关

- 对资料进行反思，如何能为你所用
- 对于你要用到的材料批判性分析

运用专业的材料

至少阅读一些在专业期刊上发表的材料、研讨会论文或专题论文。留意在这个课题上最前沿的研究是什么。在这个领域你的导师应该能够提供好的线索供你跟进。

由于这样的材料是供专家阅读，初读起来可能理解上会很困难，遵循以下建议会有帮助：

- 从一些基础知识入手
- 利用期刊或网络上可以获得的研究评论

对一些开创性的研究（即在某领域有开创性影响的作品）来说，会有很多文章对其进行全方面分析，你可以借鉴参考。

展示你的理解

当开始考虑如何写文献综述的时候，一定要认真仔细，使其能够展示你对所选主题的理解：

- 对这一领域有广度上的理解。这一点可以通过文献资料的讨论和参考资料的广泛程度体现出来
- 对所选的主题有深度上的理解。这一点可以从你所参考的专业资料的种类上体现
- 清楚掌握哪些研究最有意义，哪些次之；这一点可以从对所选的资料和使用的材料上看出

有选择性

在你阅读的时候，开始确切地考虑你将怎样把这个资料用在你自己的研究中。思考以下问题：

- 我是不是真的要用这个材料？
- 它与我论文中的哪个部分、章节或主题相关？
- 对这个观点我持赞同还是反对意见？
- 关于这点我想要说什么？
- 与我读到的其他材料相比它有多重要？
- 关于这个材料是否有个简短的引用可以使用？我能否意译这其中的一部分？我是否要在文中顺便提到这个材料？

决定参考多少材料

考虑你要怎样参考资料：

- 顺便提及（大部分资料会以这种方式体现）

- 更有意义的作品会出现在文章中的一个句子中
- 如果非常重要的话会用几句话描述它
- 如果某个研究真的意义非凡，在字数允许的情况下会用一段或者几段来阐释

下面的一览表可以帮你集中精力思考是否或怎样把材料应用在自己的文章中。

9.7 选择要包含的材料

阐明你的目的

当你发现新的材料时，有选择性地阅读、做笔记或引用——明确目的和引用的深度。

1. 目的。你要如何具体地把它应用到你的研究中？你的研究报告或论文的哪一部分会参考它？

2. 引用的篇幅。这份材料你想写多少内容？只在引用一览表上一带而过？或是写一两行？还是更多？

使用下列的一览表

如果你不是很清楚应该为什么、怎样或何时引用这一材料，浏览下列一览表来帮你做决定。

并不是你读每份材料的时候都需要参考这份一览表。左边一栏帮你确定应该怎样应用，右边一栏帮你决定引用的篇幅。

一览表：我要如何应用这个材料？

1. 目的	2. 引用的篇幅？
在适用的那一项前打☑。	这份材料我将如何引用……
我将使用这份材料来：	
☐ 指出在我所在领域中前人的研究发展的一个关键阶段	☐ 一笔带过？
☐ 关注理论基础的发展或局限	☐ 放在一句话中？
☐ 找出这个课题中所用方法论的发展或局限	☐ 放在一个小段落中？
☐ 明确适用于我的研究方法论的发展和局限	☐ 放在若干个段落中？
☐ 表明我的研究将如何从方法论中汲取经验	
☐ 提及这一材料有什么发现	
☐ 指出它是如何对我参考的理论依据有所帮助的	
☐ 借鉴它对相关研究、方法、理论或是某个发现的批评	
☐ 说明它是如何有助于理解与我的研究相关的问题的	
☐ 复制研究或亲自测试研究的一个方面	
☐ 以一种特殊的方式进行更加深入的研究	
☐ 阐明我要说的一个观点	
☐ 指出它是如何支持我的论证或是与我的观点或结论相冲突的	

把你可能使用的目的添加进来。

9.8 合成材料

画图表

为了理清思路，你可以边阅读材料边画一个流程表或是表格来明确在这个领域的研究进程。这就要搞清楚几部作品之间复杂的联系。但是注意在学位论文、长篇文章或研究报告中一般你不用加入这样的图表。

起源：是谁开拓了这个与你的研究直接或间接相关的研究？

方向：哪些理论学家或研究者做了创新性的研究？他们有哪些新看法、见解或发现？与你的选题有什么相关性？

贡献者：简要标注出对研究有所裨益的人。你可能会在文献综述或论文主体部分顺便一提，有所参照。

最近的贡献者：近几年内是否出版了什么作品对你所研究的主题有启示？这对你敲定题目有什么影响？

主题：当你做图表时，记录材料中的主题和问题，考虑需要关注哪些方面、研究的规模和可行的研究方法。

按工作链由后向前推进

尽可能在早期阶段就开始评估你所阅读的材料与你选定的题目或假设是否具有相关性和意义。

- 先选定研究假设或问题，然后依据这个来依次评估你所阅读的材料。
- 思考你要归入文献综述的每一份材料是如何构建在前人研究的基础上的。如果没有相关性，就不要使用。
- 列出对这一主题具有巨大影响的研究材料和理论发展。

这样做的目的是保持阅读的高效，挑选出最值得阅读的相关性研究。

沿着工作链继续前进

一旦你反向工作已经搞清楚相关的材料，就可以反过来按正常顺序工作了。按照你论文的写作顺序，理清从最初阶段的研究到你自己的研究。

- 理清先前的相关研究
- 做简要图表说明先前的相关研究是如何彼此影响的

思考:把材料联系起来

- 怎样组织材料才能让所有材料中最重要的一环清晰明了?
- 你是否了解材料是如何环环相扣并为你的研究提供方向的? 如何不能的话, 如何解决?

9.9 写文献综述

为什么写?

文献综述可以让读者了解与你的研究相关的先前的重要研究背景。它的重要性将在后面详细介绍。

占多大篇幅?

文献综述位于论文的第一部分, 一般占规定字数的10%~15%。

应该什么时候写?

阅读材料时就开始写文献综述的初稿; 捕捉任何有用的材料。除非你在提交选题时需要上交文献综述, 否则不要太早完成你的终稿。最好是等到:

- 你已经决定标题或假说——并得到导师的同意
- 你已大体完成选题, 并被伦理委员会接受 (如果相关的话)
- 你已经完成大量所需的阅读

如果你这样做, 会大大降低后期可能需要改写文献综述的可能性。

应该包括什么?

提供以往的研究和理论概括。只包括与你的研究相关的部分。如果你做了推荐的研究轨迹图表, 写起来会很简单。列出:

- 开创了这个调研方向的研究
- 加深对这一领域的理解或拓展新方向的里程碑
- 对你的研究方法产生影响的研究发现

读完你的文献综述, 读者将明确你的项目:

- 借鉴了前人的研究成果, 并
- 在前人研究的基础上, 有所不同

用什么风格写?

努力使你的文献综述展示出:

- 研究的关键问题和讨论

- 为什么这些是有意义的
- 接力赛的感觉，你就如同接力赛的一员，手持接力棒继续赛跑，继续对这一主题深入挖掘

避免

- 冗长的文献描述
- 总结文献但没有明确其意义何在
- 列一览表式的文献陈述，不加入辩论，不总结材料的意义

例子：写作风格

×☹Jones（1997）说以食用油烹调的产品对心脏病和肝脏病患者有危险。

Xiang（2001）表示以食用油烹调的产品可用于患有心脏疾病的人士。这说明了两者意见的不同。

上面的例子有待改进，因为它只列出了两个研究的发现。下面这个例子更好，因为它更精确地展示了两个研究的意义和联系。

√☹Jones（1997）证明了以食用油烹调的产品对心脏病和肝脏病患者有风险。Xiang（2001）表明葡萄籽油并没有如同Jones预测的那样对人的胆固醇有影响；这促进了对心脏病患者的治疗。

9.10 文献综述

写好文献综述，满足其宽度、深度、简洁度、关联性和理解力等方面的要求是一门艺术。在写文献综述之前请思考下列的一览表，并在写的时候参照它。在你认为做得很好的那一项前打勾。

宽度和深度

□ 我的文献综述参考了大范围的资源。
□ 我的参考文献包括了与我的课题相关的专业资源或文章。
□ 这些资源全都列在我的文献目录或参考文献中。
□ 我对许多与我研究相关的资源做了简要的参考。

理解力与判断力

□ 我的文献综述证明了我对所研究领域的了解。
□ 我在文献综述部分参照的内容证明了我知道哪些材料是最重要的。
□ 我充分重视了这个领域中开创性的研究。
□ 我使用文献的方式证明我理解我所读到的材料。
□ 我把大部分的篇幅用于叙述与我的研究最相关的资源上。
□ 很明显我阅读的材料是最新的，它涵盖了大部分近期发表的文献。

组织性、相关性、连贯性

□ 我参照的所有文献都在某些程度上与我的研究课题相关。

□ 我是按照一定的逻辑顺序展开文献综述的。

□ 我呈现文献的方式叙述了与我的课题相关研究的发展历程。

□ 我清晰地呈现出每一份材料都在某种程度上对于我的研究相关的辩论、研究或理论发展起作用。

□ 我清楚地表述了文献综述部分中不同材料间的关系。

□ 我清晰地表述了前人的研究如何启发了我的研究。

风格、简洁性、批判性

□ 参考文献时，我批判性地评估材料，着重关注其特定的贡献和不足。

□ 让每一个字都有价值——将冗长的句子改得更简洁以便可以参考更多的相关研究。

□ 避免赘述材料。

□ 避免长篇引用。

□ 时刻注意这部分的字数限制。

□ 删掉不相关的事件，如跑题的材料和趣闻轶事。

第10章 做好研究的准则

学科差异

不同学科的研究方法不同，这些差异也定义了每一门学科的独特特点。你的学科研究将会汲取一门或几门学科的研究方法。

每一门学科的研究在以下方面有所区别：

- 适用于其知识领域的题材、主题和研究问题
- 学科倾向的研究方法论，哲学
- 作为分析基础的原材料或原始资料
- 最适合题材、哲学和原材料的研究技术或方法

由此可知，学术研究没有一个放之四海而皆准的方法。依据你的主题和研究问题，可能会有独特的方法收集和使用信息。这些反过来也产生了特定的方法论和伦理问题。

Cassie总是有各种借口！

10.1 如何成就好研究?

尽管学科间差异很大，但如何做一个好的研究，仍有一些合乎公认的原则。下文将列举主要注意事项。

"量体裁衣"的研究设计

好的研究会选择最恰当的方法，用最合理高效的方式去收获最精确的结果，从而回答研究问题，完成研究摘要。

精确性和清晰度

精确性和清晰度对于你研究的每个方面都是至关重要的:

- 在定义你的术语方面
- 在测量你想要检测的内容方面
- 在你小心和精确地控制变量方面
- 在你如何记录方法、观测和发现方面
- 在你如何展示成果方面
- 在你如何撰写你的发现并得出结论方面

完整性

研究应该:

- 建立在先前的研究基础上
- 借鉴他人的研究
- 遵守道德准则（参见第12章）
- 避免偏见与成见
- 在资料收集和分析过程中避免任何形式的作弊行为
- 避免错误，陈述你的发现

尊重学科

即使是学科内的专家，在处理所面临的哲学和方法论问题上也是有所顾忌。因此初做研究的人员最好借鉴学科内既定的原则。如果你借鉴其他学科的研究方法，要找出涵盖范围更广泛的方法论和伦理问题。

如果你确实希望借鉴其他学科的方法或创造你自己的方法，一定要与导师先谈谈。

理论支撑

学术研究是以理论为基础的。任何一项研究都是建立在现有的理解、解释和说明的基础上的。一个好的研究会明确与主题和研究问题最贴合的理论，并梳理出这些理论是如何阐明问题的。你的研究报告或论文需要清楚展示你的发现是如何在一定程度上支持或挑战已有的理论。

一致性

一致性意味着你的研究的不同方面之间具有相合性和连贯性。你选择的主题、方法论、方法和对象以及你对材料的设计、道德规范的适用，研究的开展和报告，都是互相支撑、合情合理的。

找出你的学科特点

认真阅读你学科的专业期刊文章，了解研究方法。注意它们是如何设计研究来得到精准的发现的。后面的一览表可以帮助你分析期刊文章中的研究方法。

10.2 研究设计

研究设计是指建立并实施研究的方式，旨在找到你研究题目中隐含问题的答案或是证明你的假设。

设计包括以下几个方面：

- 你的方法论：设计、实施和撰写研究的原则
- 你选择的原材料，包括文件、数据或所选的研究参与者的共性
- 你收集数据的方法，包括任何条件下实施研究的方法
- 你利用的材料，例如提供给参与者的信息
- 你在研究的每个阶段记录信息的方法
- 你使用的分析方法，如应用于原始数据或资料的统计方法、公式或分析技术

好的研究设计

一个好的研究项目会汇集所有这些方面，使其互为支撑：你收集信息的方法和对这些方法的使用与诠释是一致的。

在一个设计欠佳的项目报告中，思维是不一致或不连贯的。不相关的方面东拼西凑在一起反而削弱了设计。例如，方法可能不符合研究哲学，或是不可能提供所需的信息回答研究问题。

符合目的

事实上，研究设计的质量取决于它是否满足了研究目的，考虑到诸如研究摘要、情境、伦理要求或其他任何约束。这对任何一个研究都是重要的，但如果你的研究是针对一个客户如一个组织或雇主的话，这将非常重要。

例子:"量体裁衣"的研究设计

以下是雇主眼中的研究设计。注意他们在这些研究设计中发现的优势和不足。

雇主 1

我曾见过的最好的研究设计是由一个社工学生做的。他用了一个很特别很有风险的方法论，但是却完美地切合了研究摘要。他用丰富的图片来展示老年人使用我们服务的用户体验，产生了非常直观的效果，很容易被他人领会。如果他采用传统进阶式的方法来汇总研究发现，效果不会那么好。

雇主2

我们希望学生的研究报告能提供好的方法来检验我们的假设，但是在我们看来，有些学生只是坚持采用自己习惯但却不适合需要的方法。

雇主3

我看到很多学生的研究报告进展不顺利是因为调查问卷设计得不合理。我的意思是说，学生们采用了大量封闭式的问题，因为处理这类数据更轻松。然而事实上，这限制了我们对问题的反应，根本无法帮助我们认识问题。

10.3 主观性和客观性

取决于学科和研究性质的不用，客观性和主观性恰当与否对于好的研究来说是很重要的。

客观性

客观性既应该是研究者意图保持的状态也应该是一种研究设计的方法。

- **意图**：研究者尽可能保持理想的客观性
- **研究设计**：研究者在借鉴并改进方法时要深思熟虑，保证不依据个人喜好有意或无意地使结果有失偏颇

这两方面通常要齐头并进，但有时事与愿违：你可能尽力保持客观，但是在使用研究方法时掺杂个人偏见而没有察觉也不愿承认。

客观研究的目的就是从计算等式中去掉个人感受和反应，这样无论研究者是谁，结果都能相同。这对于偏重研究物理世界或可测量项是硬科学的学科更容易实现，因为它们旨在寻找“通用”的法则，然而，对于社会科学、艺术和传媒则很难全面实现。

客观研究采用的方法

对于客观研究，研究者会明确他们的假设或在某种条件下将要发生的有根据的

判断。然后研究者会建立条件，采用一系列方法如定义术语，实验或观察，密切测量或封闭式问题来测试。产生漏洞或其他解释的可能性很小。

主观性

主观研究方法承认，其方法与结果由于研究者本身的差异和参与有所不同。主观研究方法在所有学科中都被采用，包括科学领域，但重视程度因学科不同而不同。

对于如心理咨询、心理治疗和艺术，主观性尤为重要：人们鼓励研究者记录自己的情感和审美反应。然而，研究者需要通过借鉴相关理论框架阐释研究。换句话说，你需要在你的学科背景下对个人经验进行合理分析。

一览表：客观性/主观性

在我的学科领域中，研究方法应该是：

☐ 客观的（一直都是）

☐ 主观的（一直都是）

☐ 客观多于主观

☐ 主观多于客观

☐ 主观与客观相结合

☐ 以上皆可

客观性与主观性

浏览你所在学科领域中的至少十篇学位论文或期刊文章中的方法部分。

作者是如何设计他们的研究方法以满足预期的客观性或主观性？

记下你的学习心得，并检查自己的研究是否同样符合要求。

10.4 定量和定性研究

定量研究

定量研究侧重于以客观的方式研究被测量的内容，例如，利用从实验、规划性观察、调查中的封闭式问题、问卷调查、结构化访谈中等得到的数据以及已发布的数据集。

优点

- 能够做更大范围的研究，如通过网上调查，生成大量数据，并通过相关软件进行分析。
- 往往能准确有力地表达研究问题或研究假设，生成精准的答案。
- 研究的规模使它更容易在相对较短的时间内得出合理有效的概括。
- 帮助建立模式，如行为趋势或“普遍规律”。
- 使用定量方法的研究一般更容易规划和控制规模，是适合学生的理想研究。

缺点

• 并不是什么都易被测量。由于忽略了某些不可测量的方面，可能会曲解某个现象。

• 研究结果没有新意。

• 结果可能缺乏生态效度。

定性研究

定性研究通过调查人类行为和思考的根本原因，竭力扩展我们对人类行为的认识，无论是个人的或是集体的。这种方法需要更大程度的主观性，因此在研究设计时会加以控制或是就作为该研究的一个特征。

定性研究会利用这些方法，例如深入案例研究、开放式的调查问题、非结构化访谈、焦点小组或非结构观察，来研究态度、属性、特征、特质、评论、形象、情感、叙述主题、个别项目或个人事件。这些方法可以有效地应用于一系列学科，在这些学科中材料很难分为一系列可测量的实体。

优点

• 它们往往更加开放，可以获取不同的反应。

• 它们有助于深入分析个人、个人事务和个人事件。

• 它们具有更强的生态效度。

缺点

• 研究结果具有针对性，并不普遍适用。

• 研究结果可能不可预测，难以管理和控制。

复合分析

在艺术、媒体、商业和社会科学中，将这些方法结合起来是很常见的。人们可以富有创意地寻找测量如情感、态度和反应等软数据的方法。一些社会科学家对定量和定性方法的划分持批评态度（见 Pring，2000）。

一览表：定量/定性

我的学科倾向于：

☐ 使用定量研究

☐ 使用定性研究

☐ 使用定量和定性的复合研究

☐ 从哲学的角度批判对定量和定性的划分

10.5 有效性

确保有效性

作为一名研究人员，你的一个主要任务是确保你所测量和调查的内容与所要求的保持一致。通常，这意味着创造条件来确保你可以尽可能地控制能够干扰你的结果的因素。要做到这一点，你要消除任何外来因素，或至少将其减少到最低限度，因为它们可能会混淆你的研究发现。你的目标是实施你的研究，将你的发现可能不只有一个同样有效的解读这样的可能性降到最低限度。（见第16章，实验）

对于很多话题来说，你可以控制条件的程度是有限的。如果人是所要测量的材料的一部分，人类的个体差异就意味着要控制所有的变量是不可能的。为了保持研究清晰明确易于管理，你要决定哪些因素是你想要孤立和控制的，哪些是要忽视的。

生态效度

控制变量的一个缺点是，虽然结果可能清晰、准确并更易被测量，但它可能在研究的控制条件之外或在“现实世界”中是不成立的。例如，如果你在受控的实验室条件中测量在彩色过滤片下的植物生长，这些条件可能剔除了其他变量，如土壤中的微量元素或在自然条件下害虫对植物的影响。这意味着在受控条件下获得的结论可能缺乏生态效度。

对研究人类行为来说，这更是一个问题。在日常生活中，人们要应对各种复杂的条件，如同龄人的压力、家庭的影响、天气或季节的影响、思想和品味倾向、日常生活的压力、新闻报道的影响和各种其他因素，这些因素可能会产生与在受控条件下获得的完全不同的一系列反应。

相对于在严格控制的条件下所获得的结论的优势，生态效度的相对重要性在很大程度上取决于你在努力寻找什么。它有时可能不是很重要，也有可能意义非凡。

什么样的有效性？

对我的研究项目来说，最好是：

- ☐ 控制变量以获得更精确的结果
- ☐ 以生态效度为目标

可靠性和复制

对重视客观研究方法的学科而言，你要以这样的方式来展开研究。如果你自己或者其他人要在完全相同的条件下重复你的研究，结论将是相同的。换句话说，你的目标应该是进行一项你自己或其他人可以复制的研究。

这意味着你要用以下这样的方式进行研究：

- 可以利用完全相同的资源或参与者类型

- 可以用相同的方式重复该研究方法
- 如果可行的话，启动受控条件

10.6 注意过程和细节

为什么这很重要?

优秀的研究密切关注过程中每一步的细节。原因如下：

结论的完整性：你的发现、结论或建议的前提是你的方法恰当、测量准确以及判断有理有据。你需要在你的研究中提供精确的细节，以便证明观点。

实施研究:你的论文或报告应展示你到底做了什么，为什么要做，或为什么得出这样的结论。如果你的想法不准确，方法缺乏精度、系统、顺序、清晰度和准确度，你不可能很好地展示这些。

回顾你的步骤：如果在研究过程中出现了偏差，或者你的研究结果说不通，你需要回顾你的每一步并轻松快速地定位问题所在。

验证：在你的研究结束时，你的记录应该可以让你自己或其他人去验证你的结论，要么通过跟踪你所写的过程，或通过复制你的研究来验证你的结论。

谨慎控制

对许多类型的研究来说，一定要谨慎控制以确保所搜集的数据提供所需要的证据基础。根据不同的学科，这可能意味着要注意这些：

- 控制实验条件
- 选择公正的样本
- 确保文件、人工制品或样本材料的出处、真实性或日期

精确记录研究条件

为了使你的研究易于验证或复制，你必须要精确地记录每个阶段是如何进行的，包括可能影响你的结论和发现的各种细节，例如：

- 为了拼凑一个事件，如历史或政治事件、或工作场所中的事件，你所使用的文档和原始资源
- 你如何选择参与者、如何向他们简要介绍这项研究、你要求他们做什么以及研究条件的其他任何要点
- 在创建、进行研究中和记录观察和结论中的每一步细节

控制变量

控制材料和环境

控制一些方面是相对较容易的，如所使用材料的数量和类型，所使用的技术、设备和软件，进行研究的条件如地点、日期、年份、光线、温度、压力、气氛，电

流或物理环境的其他因素。化学品数量、光线或其他因素的每个微小变化都可能会导致不同的结果。

和参与者一起工作

当和参与者一起工作时，不可能控制每一个变量，但你需要清楚哪些变量是要控制的。第3章中对此有更详细的介绍。

10.7 期刊文章:方法论和方法

使用你所在学科中的专业期刊来促进你对方法论框架、与你的学科相关的方法、参与者和原始材料的认识。一旦你考虑过它,在那项前面打☑。记下笔记,这有助于设计你的研究并选择方法。

☐ **方法论**

- 作者们直接提到指导他们研究的哲学或方法论原理吗? 如果有的话,他们在报告的哪个部分提到过?
- 如果没有的话,你如何在你的学科中梳理出方法论思想?

☐ **数据/原材料/原始资源**

- 在你的学科领域中,研究者们最常采用什么样的材料?
- 通过使用材料或原始资源,能够生成什么样的数据或信息?
- 通过使用这些数据或资源,你认为会产生什么样的方法论问题?

☐ **方法和技术**

- 在你的学科中会使用什么样的方法收集材料或数据?
- 在这些方法中哪些是最典型的?
- 你获得了哪些适合于你自己研究的技术诀窍?

☐ **伦理思考**

- 所使用的方法涉及什么样的伦理问题?
- 这样的伦理问题如何解决?
- 这促使你展开什么样的思考来进行你自己的研究?

☐ **设备、软件和工具**

- 如果有的话,使用什么样的设备或软件来收集或分析你要的数据?
- 在你的学科中,研究者们会为自己设计什么样的工具?
- 这些为你收集和记录信息带来了什么样的想法?

☐ **对方法和技术的批判**

- 作者们如何批判自己的方法? 他们提出了什么样的问题?
- 对你的研究来说,这些批判会出现在报告中的什么地方?(讨论部分? 主体部分? 结论部分?)
- 关于你如何在自己的报告或论文的相关部分批判自己的方法,这给了你哪些见解?
- 从作者们对他们所使用的研究方法的批判中,你能学到什么? 你会如何利用所学来设计自己的研究方法?

□ **方法的写作风格**

- 使用哪种写作风格来写报告或文章的方法部分？
- 这些部分要如何写？简洁些还是稍长些？
- 使用什么样的专业术语？你喜欢用这样的语言吗？

□ **其他的观察结果**

- 通过浏览和阅读对你自己有用的期刊文章，你还有哪些其他的发现？

第11章

方法论研究

方法论

方法论是研究的基本方法。Dawson(2012) 将方法论描述为“指导你的研究的哲学或普遍原理”。当决定你的方法论时，你其实是在考虑“如何做”和“为什么做”的大问题，这个问题搞清楚，便可水到渠成地决定如何进行研究。

根据你的主题，这些大问题会有细微的差别，但是它们包括这些因素：

- 能够影响你的领域中所有研究的研究范式
- 能够指导你的领域中所有研究的研究理论
- 研究者的角色，以及你自己的行为可能如何影响研究结果
- 对你的研究领域而言，最突出的道德方面的考虑
- 收集特定数据或验证特定假设的最好的研究方法

有了这样的认识，你会更好地判断哪种方法——定量或定性、主观或客观——最适合回答你的研究问题。

术语

研究术语没有完全的一致性。要意识到它们的变化：

- 如何区分“方法”和“方法论”
- 像“设计框架”、“研究设计”、“研究框架”、“研究方法”这样的术语不同的出版物用法不一。它们的一般意义通常仍是很明显的。

研究范式

“范式”这一术语是由Kuhn(1970)创造的，是指一个宽泛的总体框架，或是关于如何进行研究的设想集合。要注意两个关键范式：

- 科学式的（或社会科学领域中的实证主义）
- 解释主义

即使你不需要把这些写入到你的研究中，还是很值得了解一下它们是什么，因为你会在研讨会或阅读材料时遇到。值得注意的是，一些作者如Atkinson(1995)认为现在的研究方法太多不是这两种范式就能完全囊括的。

方法论

本章介绍了几种最常见的方法论。

- 经验主义
- 历史的方法
- 行为研究
- 现象学的方法
- 扎根理论
- 人种志的方法
- 批判理论

11.1 研究范式:科学和实证主义

科学的方法

科学的研究经历了数百年的发展，基于一套共享的假设——关于应如何最好地研究物质或自然世界，从而使人们能够客观地了解支配一切的“规律”。这个假设指至少在量子层面以上，这些规律是普遍的、一致的和相互支持的。一般通过以下条件实现：

- 在追求不可争辩的、客观的“事实”或真理中，保持中立、公正的立场
- 检验理论（事情发生的原因）
- 系统地建立在已经经受了严格检验的理论之上
- 旨在建立因果关系
- 做出合理有效的比较
- 在术语上和使用语言、定义、方法、记录、报告和结论方面，保持精密和严谨
- 控制研究条件，如材料的类型和数量、温度和光线，以便隔离研究对象。这可以很明显地看出哪些变量是被操控的，其结果如何。

科学的声音

科学写作的风格要与研究方法保持一致。文本的书写要客观：

- 文本中研究者不能作为一个人被提及，不能提到“我”、“我们”或“你”，你不能写“我混合了两种物质……”
- 研究似乎是自动进行的或是被一个无形的人操作的：“这两种物质被混合在一起……”
- 对于研究的解释也似乎是来自一个中立的实体，而不是来自“有存在感”的研究者或作者：“结果表明”而不是“我认为结果表明……”

实证主义

实证主义认为社会世界可以用类似物质世界的研究方法来研究。它的特点是：

- 相信社会世界可以并应该被客观地研究
- 寻求普遍结果
- 使用定量的方法
- 准确定义研究的术语和单位，以保证对它们的测量和合理的比较
- 从研究过程中去除研究者的个体性：目标是无论研究是由谁进行的，结果都是一样的
- 假设研究者自己的思想信仰、观点、价值观或性格不需要影响研究结果，并且不应该影响。

实证主义范式的选择

当涉及人时，科学方法的应用就会更复杂，尤其是因为很难限制如“选择”或“意识”这样的变量对研究的影响。当研究对象是人时，该研究不适合以限定明确的可测量单位为基础的调查研究。

然而，其他变量如年龄、性别、残疾、父母地位或职业则可以更好地控制从而使分析更科学。“合适的”范式取决于研究领域和研究问题。

11.2 研究范式:解释主义

解释主义范式提供了另一种理解人类知识的方式，主要应用于社会科学和健康研究、心理咨询领域中。

解释主义/建构主义

解释主义有时也被称为建构主义或社会建构主义，因为它感兴趣的是人们建构认识世界的方式。最纯粹意义上的解释主义是与科学主义相对立的。因为它认为研究者不可能完全置身于他们的研究之外做绝对客观的判断，所以，他们不可能真正地成为“中立的”观察者。

解释主义的基本原则

不是“客观存在”：对解释主义者来说，知识不是一系列中立的客观的事实或规律，等待人们用客观抽象方式来发现。相反，知识是通过社会和研究行为本身建构的。

社会的变化性：知识由什么构成及如何来解释，不同的社会有不同的答案。

浸入式研究：研究者应该将自己“沉浸”在所研究的情境中，仔细观察，包括研究中大量的互动，甚至非言语交流的线索，如点头、耸肩、咳嗽和结巴。

语境性：为了充分理解研究，你需要调查更广泛的结构和更丰富的建构情景；“认识”意味着考虑如下因素：心理结构、信仰体系、行为和一系列社会规范 。

主观性：知识、研究和解释必然是主观的，因为它们是特定时期的特定社会的一部分。

个人见解：研究者承认自己的主体性，可以根据自己的见解和经验来理解别人是如何思考、如何表现和互动的。

定位：研究者个人的思想也是被构建的：作为个体，他们不可能站在所有意识形态立场之外。

研究者的影响：研究者本人的立场是研究过程的一部分，并且必然对研究过程有一些影响。这种影响应该被认为是研究和其报告的一部分。

互文性：文本集，包括研究报告，都和其他文本集互相关联。理解一个文本不能脱离它的社会背景或它之前的文本。研究者的态度是受到之前的文本影响的。

归纳总结：这些都不是理解主义研究的目标，你不需要做任何归纳总结。

对风格的影响

不同于“科学的声音”，研究者更能在研究过程中显现出来。写作风格也通过以下方式反映出这一点。

- 使用第一人称：我，我们，我们的
- 主动语态：我发现……（而不是“据发现……”）

范式的应用程度？

在实践中，对任何范式的应用都不是绝对地一成不变的。例如，甚至科学主义研究也承认研究者的行为和态度所产生的潜在和实际影响。解释主义者虽然认同研究者本人对于研究的影响，但是也认为研究应该客观，同时对于研究者本人的经验和见解多大程度上可以被应用于研究中，观点不尽相同。

11.3 方法论:经验主义

实证研究是以数据采集为基础：对数据进行试验、观察和测量。这是典型的理科和实证主义研究传统。研究者提出一个假说，然后设计受控条件来验证它。

对实验性研究来说，它将通过精心控制所隔离的变量来进行。对受控的观察来说，研究者可能不会用相同的方法控制所有变量，但会认真选择要观察的对象和方式，以便有把握得出可识别和可测量的结果。

决定论和因果关系

通常情况下，科学和社会科学中的实验研究试图建立因果关系。它力图确定，只要一组条件存在（例如热火焰、氧气和燃料），那么就会产生相同的结果（一种特定的火灾）。条件或原因决定结果。

在设计和解释科学研究结果时，一个关键的问题是确保变量的隔离和控制的方式，从而明确建立合理的因果关系。但是，这里也有一个风险，因为很多情况下两件或更多的事情似乎总是前后发生，或它们之间有某种关联，所以它们之间的关系不一定是因果关系。

研究者需要澄清：

- 两件事情的同时发生或改变是否是简单的巧合
- 一件事情或一个变量的发生或改变是否与其他变量的变化有关（打开雨伞；下雨）
- 变量之间的联系是直接的还是间接的
- 两个变量之中，哪个是原因？哪个显示结果？例如，下雨和打开雨伞同时发生，但打开雨伞并不会导致下雨。

优势和机会

- 这种方法论适合许多类型的学生研究，从最基础型的研究到一篇论文。
- 可以对它进行规模上的调整以适应学生的研究，符合时间和资源上的要求。

劣势和风险

- 严格控制的实验可能缺乏生态效度。
- 实验结果通常不能预期。
- 需要极大的耐心，等待实验运行，然后才能收集数据。
- 当研究涉及人时，很难控制条件。

为了控制所有可能的独立变量，Gita做了大量的努力

11.4 方法论：历史性研究

历史性研究可以用来研究任何一个学科中的问题背景，而不只是用来研究

历史。

使用论据

你可以利用一系列的第一手资料来了解可能已经发生的事情、发生的顺序及原因。这些资料可能包括书面文件、信件、法律、电影、艺术品、建筑，以及口头证词和发表的材料（作为第一手资料）等。

通常情况下，你要对许多资料进行推敲以便丰富并准确地构建某个时期、主题、历史事件或某个人的生平。你要尽可能地处理原始资料，而不是复制品或之后的印刷版本。

特征

不同于实证研究，历史性研究：

- 审视过去，而不是基于直接的观察（尽管可能借鉴别人的观察作为原始材料）
- 通常关注“特定的”而非“普遍的”事物，关注独特的事件和个体的影响
- 寻求相关的常见主题和模式，但通常不会建立普遍规则
- 高度意识到事件的复杂性，所以在确定因果关系异常谨慎
- 通常关注据我们所知发生了什么事情，而不是建立反事实的假设（也就是说，如果条件不同，可能会发生什么）
- 利用一系列的资料和方法拼凑出一幅画面，并得出可能的结论和解释
- 建构一个最合逻辑的叙事

对原创性研究来说，考虑到查找和综合数据的时间，你只能关注主题的一个小的方面如一个短的时间段、一个特定的地点或主题。

优势和机会

- 几乎所有的事情都可以从历史性角度进行研究。
- 你可以创造性地利用许多不同的资源。
- 可用资源丰富，一般都免费。

劣势和风险

- 很难从大量可用的第一手资料中选择最相关的材料。
- 这些记录和数据经常有一些空白或缺口，很难知道要如何权衡这些可用的材料。
- 对于更近的历史，一些资源可能不容易获得，如许多敏感性的文件直到若干年后才会向大众公开。

客观性和主观性

历史性研究的一个目标是尽可能客观，这意味着消除所有不必要的偏见，而不

是假设可以实现“科学的”客观性。显然，已经创建的历史叙事是其所形成时期的意识形态和假设的反映。

11.5 方法论:行动研究

特征

行动研究起始于Lewin (1946)的研究，用来研究相关项目参与者的行动表现，以提高其专业实践。典型的领域有，如教育、社会科学、健康和护理专业，但也适用于其他领域。

对于行动研究，研究者：

- 确定需要解决的问题或难题
- 寻找合作者或其他相关人员共同研究
- 作为这个团体的一部分，展开四个阶段的循环过程（行动规划、开展行动、观察、反思）
- 利用第一个周期的反思来审查结果是否仍旧相关或是适用于其他情景，并通过行动研究的第二个周期来发展下一步行动的想法；这可能会持续多个周期
- 是变化过程的一部分，而不是置身研究之外的
- 设计各种方式来检测行为引起的变化，并评价其影响
- 可以利用各种与项目相关的研究方法。

优势和机会

- 有一些不同的模式可以选择（见Hart & Bond, 1995）。
- 有助于研究服务交付的影响，如通过测量投资的社会回报。
- 提供给你一种研究方式更有助于影响你的工作场所或社区。
- 如果你已经参加工作了，有助于提高工作兴趣并与志同道合的同事建立联系。
- 可以给予你一种“共享研究所有权”的感觉，因为它通常涉及共同合作。
- 可以提高反思能力和团队合作能力，因为这些是该方法论的核心。

劣势和风险

- 如果你不具有一定程度上的团队协作能力的话，这对你来说更困难。
- 这是有挑战性的，因为你在研究时力图产生变化。
- 在描述结果的完整性方面，要求很高。
- 每组的结果可能具有特定性，所以不具备普遍性。
- 团体研究可能不能满足任务摘要，因为学生论文和研究报告要求自主研究。
- 行动结果或所涉及的其他人的决定可能意味着研究会偏离任务摘要的要求。
- 由于研究者无法控制的各种原因，工作环境往往会发生改变。这就很难维持研究或清楚地说明这种改变仅仅是你所采取的行动的结果。

• 在很多方面可能存在一些困难，如获取行动研究许可、访问数据、使用工作场所或报告工作条件等。

11.6 方法论:现象学,扎根理论

现象学的特征

现象学起源于Husserl (1962)的哲学。它重视个人的主观经验，关注情感、感受、信仰和观念，展示方式生动、真实，优先考虑描述和解释，而非分析；并使用丰富细致的材料：

• 开放式访谈
• 非结构化观察
• 日记、博客、杂志、信件
• 图纸、故事和其他创造性的材料

它避开了通过提前定义问题或做出任何假设可能限制研究结果的方法。避免：

• 验证假设，因为这些陈述了研究将会发现的假设。
• 封闭式问题或结构化访谈，因为这些限制了潜在反应。

一些现象学家想要了解一个人特有的体验，所以利用与这个人相关的情景信息。他们重视个人和研究者观念的融合（Gadamer, 1990）。

优势和机会

• 提供了丰富的数据，允许研究者深入研究个人经验。
• 在健康和医学领域非常有用，因为患者或医生的生活经验非常重要。
• 可能对个人生活有深远影响。

劣势和风险

• 可能产生很多耗时的无用信息。
• 个人的经验可能不具有代表性。
• 更难识别研究者主观作用的影响。

扎根理论

大多数社会科学的研究始于一个理论或假说，然后通过收集数据来验证该理论或假设。扎根理论颠倒了这一方法（Glaser, 1995; Glaser & Strauss, 1967）。

这种方法首先生成数据，然后利用数据来归纳得出理论（Strauss & Corbin, 1990）。数据可以是定量的，来自近距离观察，或是定性的，来自访谈或焦点小组的谈话。这种方法对新出现的结果及时感应，因此，在实践中，方法和理论随着研究者的进程有机地发展。当新的信息对已生成的结果没有任何影响时研究就告一段落。

优势

扎根理论在教育和健康相关的学科中更为常见。它可能存在不可预知的结果，可以带来意想不到的发现和应用。这意味着可能出现新的研究领域。它也没有提前规定所需证据的数量，所以可以继续扩展其范围，直到建立了一个模式。

劣势和风险

对于时间有限、资源有限的学生来说，它的长处也是其短处。学生们可能不得不过早地结束他们的研究，而不是让研究自然地进行。在开题时，学生可能要对该方法做更具体的解释。

11.7 方法论:人种志

人种志

人种志的研究起源于人类学（Malinowski, 1922, 1935; Mead 1928）。人类学家通常研究他人的种族和文化。这种方法已经被广泛采用，特别是在健康和教育领域，经常在当地社区的医院或教室进行。

人种志学者尽可能充分地融入到所要研究的社区或群体的生活中，而不是纯粹地做一个观察者，目的是从这个社会本身的角度获得整体认识（Spradley, 1980）。研究者观察日常生活和/或特定事件，寻求模式和普遍性，记笔记并撰写文章以便其他人可以了解这种文化。

把自己变成另一个社区的一部分，同时又保留作为一个观察者的研究特性，这便会产生一些特殊的伦理问题，尤其是信任和保密问题。因此反思性或强化的内省意识成为这种研究方法的一个重要方面（Woods, 2006），只有具有了这个能力才能了解你自己的信仰和利益可能如何影响你的发现。

考虑到这旨在描述一个特定的群体，人种志学者非常注重书面报告或文本的性质以及其应该包括或忽略的内容。一般认为，这份报告只是对某一社会的一种解释或“建构”，而不是绝对意义上的“真正”体现。

优势和机会

- 专注于一个特定的群体，可以在一系列环境中进行，从教室到工作环境。
- 可以对一个社会形成丰富的数据和全面的理解。
- 研究者可以很好地理解导致现象或行为产生的更广泛的情景和这些现象和行为的后果。
- 具有高层次的生态效度。

劣势和风险

- 可能是一个耗时的过程，对学生研究会产生实际的问题，他们没有充足的时间融入所要研究的群体。

- 可能不被研究群体所接受。
- 你在群体中的出现可能会破坏本来要发生的事情。
- 沉浸式研究可能很难保持客观。
- 很难判断你作为一个研究者的出现和行为对该群体的行为有多大程度的影响；很难知道你的发现是否准确有效。
- 你的研究可能基于不相关的故事和零散的研究，而非连贯一致的论据，因而生成“古怪的”观点。

有用的阅读

阅读有重大影响的人类学文章，如Mead和Malinowski的文章，它们为这种方法提供了重要的基础。然而，从那时起思想发生了很大的转变。关于对人种志的介绍，见Hammersley和Atkinson (1983)。

生活历史法

这一方法旨在通过对一些个体的生活描述来了解一个社区，可能是借鉴了现象学。

11.8 方法论:批判理论

为了全面细致地批判分析研究对象，艺术、人文和社会科学中的很多学科都借鉴批判理论。

批判理论在每一个学科的应用有着细微的变化。然而，批判理论方面的专家往往比较熟悉其他学科的发展，因而跨学科的理论应用有了长足的发展。

特征

研究方法的特点是：

- 对社会结构如身份、意义和意识形态感兴趣，特别是不容辨别的结构，因为它们已经融入到了日常思维、交流和关系之中
- 确定批判分析的特定理论或工具如何被应用到研究中
- 为了全面细致地对材料进行批判分析，使用理论观点
- 研究组成部分之间的相互关系，及其与其情景和其他文本之间的关系
- 对意识形态、政治立场、社会后果、理论内涵或类似问题做出更广泛的结论

符号学

符号学研究意义，或社会或文化如何通过符号来表现自己。符号可以通过任何方式来传达意义，如通过时尚表现社会地位或通过肢体语言或使用意象来不自觉地交流思想立场。相关介绍，参见Culler (1981)或Leitch (1983)。

语篇分析

语篇分析或内容分析在各个学科间的应用有细微的不同之处。广义地讲，它包括细致地分析社会沟通的小单位，无论是口头的、书面的还是行为上的。它通常包括：

- 选择一个给定的情境、作品、一套行为、更大范围内的文本或等同物（例如那段时期的所有文本、或社会的一个特定部分等）
- 精确地定义各个单位，以便准确辨认它们的出现，并进行比较
- 根据它们在材料中出现的时间和方式，确定和映射各个单位
- 建立有意义的模式，例如一类话语或图像的发生如何与其他事物的发生相关，如一个政治事件或参与者的社会地位
- 解释发现的意义，特别是通过现有理论或展示新理论来解释

运用理论

批判理论家从一系列跨学科中广泛借鉴理论。它们包括：

结构主义：借鉴 Jakobson (1980)和 Sassure (1998)对语言内部结构的分析，以及人类学家 Lévi-Strauss（1964）对社会的结构分析。

精神分析理论：借鉴 Freud 或 Lacan 的研究。对这一理论在艺术和人文学科中的使用的批判可以从 Minsky (1998)的研究中找到。

解构主义、互文性、后现代主义：特别是语言在理解世界和塑造身份中的关键作用(Leitch, 1983; Kristeva, 1980; Kvale, 1992; Allen, 2011)。

女性主义：一系列试图理解女性的经历、不平等和性别权力关系的理论和方法(Greer, 1970/2006; Walters, 2005)。

11.9 方法论:做出选择

如果你有选择方法论的权利，可能很难从所给出的意见中选择。如果你不确定要使用哪一种方法，你需要根据以下考虑优先选择（通常按此顺序）：

- 研究摘要的要求
- 你将进行研究的环境
- 你心目中的话题
- 你的个人喜好

注意：以下所建议的方法论在大多数情况下是适用的。然而，根据任务摘要，你可能会有理由选择一个对你的学科来说的非典型方法论。例如科学的方法通常基于当前的直接观察，但也可以被应用到过去的材料中。

下列哪一项与你和你的研究项目最相关？请核对并打☑

研究方法

□ 通过收集数据来验证一个假设（实证主义；行动研究）

□ 在开始之前，明确界定你的研究（实证主义）

□ 拼凑推敲材料弄清某事是如何形成的（历史性研究；现象学）

□ 基于个体的经历构建一幅图片（现象学；历史性研究；批判理论）

□ 与其他人员共同工作，得出一个可行的解决方案（实证主义；行动研究）

□ 以开放式的方式研究，发现可能出现的各种结果（现象学；历史性；扎根理论；行动研究；人种志）

□ 基于观察和细致的记录进行研究（实证主义；人种志；现象学；扎根理论）

□ 运用理论，特别是关注文本、手工艺品、二手资料、其他人的思想和哲学（批判理论）

情境

□ 基于工作的研究（大多数方法论都适用，取决于情境）

□ 主要与文件和材料打交道的研究（历史性；现象学；批判理论如语篇分析和符号学）

□ 和人密切互动的研究（人种志；行动研究；现象学；也有可能是实证主义）

□ 研究一个社区（人种志）

□ 控制环境（实证主义）

□ 实地考察（实证主义；现象学；扎根理论；行动研究）

焦点

□ 物理科学（实证主义）

□ 当前的社会和社区（实证主义；人种志；行动理论；扎根理论；批判理论）

□ 过去的社会（历史性；批判理论；实证主义如碳定年法或古尸骨DNA检测）

□ 当前的个体（现象学；批判理论）

□ 过去的个体（历史性；实证主义；批判理论）

□ 艺术、手工艺品、媒体和表演（批判理论；历史性）

第12章 伦理思考

研究中的伦理是指要遵守良好的道德原则。作为一名学术研究者，你应该严格要求自己，以便：

- 使你的研究诚信公平合理
- 正确对待所有的潜在利益相关者，尊重他们及其利益、权利和安全

实际上，这意味着要从道德或伦理的角度来考虑：

- 你研究什么
- 如何研究
- 如何对待结论
- 潜在的后果

你需要全面地有深度地考虑你的项目：

- 可能对人们、生命形式和环境产生什么样的影响
- 这种影响是否符合伦理规范
- 潜在的成本和收益
- 要如何管理，以确保它的进行合乎伦理要求
- 寻求正确的信息和建议来帮助你做出最好的决定

为什么这很重要？

即使没有正式要求你这样做，还是要考虑伦理问题：

- 为他人着想，这样你就不会无意中伤害或困扰到他人
- 为你自己：有助于保护你免受法律后果的影响，让你安心

大学或学院有何要求？

大多数学生的研究选题必须获得学校或学院伦理委员会或类似机构的批准，尤其是更高层次的研究和/或当研究涉及潜在的弱势群体参与时。你需要证明你已经完全解决了你的选题中存在的伦理问题。否则，你的提案将可能被退回做进一步修改，或被拒绝。

学院也可能会要求你签署一份声明，表明你了解自己的责任并同意遵守部门精神或职业道德政策。

12.1 我需要考虑些什么?

通常情况下,你需要确保你可以证明以下情况。

无伤害

这个研究不会对任何人造成身体上、心理上或其他方面的伤害。

法律要求

研究需要符合所有法律要求，如健康和安全、数据保护、金融惯例、儿童保护、诽谤中伤和其他与你的主题相关的要求。如果你在多个国家或州做研究或发表研究，法律要求可能会有所不同。你需要了解有何不同，并知道它们如何适用于你的研究。

签署同意书

在所有参与者参与研究之前，你需要获得他们签署的同意书，同意使用或发布他们的数据、照片和其他个人信息。同意书的内容最好包括：

- 他们了解这项研究的目的
- 他们会被要求做什么
- 同意参与
- 同意你使用他们的反应或数据作为研究的一部分

充分理解

你要采取一切可能的措施以确保参与者在他们签署协议之前充分地理解他们所同意的内容。

匿名和保密

这包括各方面的保密，从电子存储数据到文档中不出现专有名词，并在未得到允许的情况下，不出现任何能够辨别参与者身份的细节。如果你使用以下内容，需要认真考虑这个问题：

- 图像和音像材料，特别是在小组情境下所收集的这些材料
- 参与者或资料涉及第三方的信息，如涉及他们的老板、同事、家人或老师

的信息

- 很容易辨别的集体或个人
- 一些敏感材料，如医学样本、DNA或私人信息
- 那些你想要感谢的人所提供的材料，但使用这份材料意味着会暴露他人的身份

想一想实际操作时你将如何隐藏参与者的身份，如改变他们的姓名或在视频中把脸部模糊处理。

环境

你应该采取措施确保研究不会对自然动物、野生动物和自然栖息地造成不必要的伤害，环境不会遭到破坏。在某些情况下，这可能意味着考虑实地考察中乡村路线的选择，以免打扰动物繁殖场地，或考虑如何处置试验中产生的垃圾，以免污染环境。

12.2 学术诚信

标注资料来源

当你在研究中借鉴别人的研究时，无论是作为背景阅读、灵感、方法、措辞或其他用途，你必须全面准确地标出它的来源。这通常通过以下方式进行：

- 在你的文本中引用原文，然后
- 在脚注和/或参考文献列表或参考书目中，提供资料来源的全部细节（取决于你课程的范例）。

对于如何标注资料来源你应该很熟悉，因为你曾经完成过其他的作业，但在这个研究层次上以下方面尤其重要：

- 所覆盖的范围要全面
- 书写参考书目的方式要精确
- 符合你的课程所需要的格式

如果你需要强化引用技能，请看：

- Cottrell (2013)所写的概述，了解要做什么和为什么做
- Pears and Shields (2010)所著的适合一系列广泛资料来源的使用格式，包括哈佛风格和温哥华风格。

知识产权

即使你已经明确了你的资料来源，你也要确保你有权使用这些材料。例如，如果你获得了尚未发布的信息，或可能影响到专利的信息，不要以为你可以在你的研究中自行使用。如果你是在研究机构或学院工作，会接触到类似的研究，那么问题便有可能出现。

利益冲突

既得利益和偏见

研究的诚信，在一定程度上，取决于你在学科规范内客观地进行调查和报告。

你最好避免研究那些给你带来某种既得利益的项目，特别是那些会使你的判断受到偏见干扰的项目。既得利益通常被理解为经济利益，但也可以指情感的、意识形态的或其他类型的利益。

作为一名学生，要避免从事那些个人利益（如失去工作、收入或声誉）攸关甚至使你难以保持客观研究的项目。同样，要避免从事那些会影响到你所认识的人的财务或声誉的研究，如你的亲戚、朋友、老板或你的学术机构。

利益声明

如果你进行的研究结果确实涉及你的既得利益，你应该在研究报告一开始就声明。这种情况一般发生在下面的情况：例如，你的研究有商业目的，或你想要证明一种治疗或教育方法的有效性，你从中会在某种程度上获得或失去某些个人利益。

如果你不确定是否有必要，那么：

- 如果有这个可能性的话，在开始实施研究之前，和导师商量一下
- 如果你有想法，在选题时提供细节
- 让相关伦理委员会（部门的或学院的）对这个问题进行考虑
- 在你的选题中清楚阐明你如何告知参与者或其他人这些既得利益的细节

12.3 思考这些问题

思虑周全

考虑伦理问题并不只是简单地做一个列表，提示你什么能做，什么不能做，虽然这么做可能很实用便捷。更多的是你研究时所持的一种心态，以及评估你的研究方式对你周围世界的影响。

符合伦理并不是简单地意味着不违反“规则”或法律，而是要考虑什么是正确的，这并不是一件简单的事。这样做的方法之一是基于你的研究提出如下问题。

- 在这种情况下，“伤害”指的是什么？其他人是否持有不同的观点？
- 该研究的哪些方面会辜负参与者或赞助商的信任？
- 某些研究数据或结果是否可能后来被蓄意使用并对其他人造成伤害？
- 研究中的某方面会不会让参与者感到厌恶或对参与者造成不必要的干扰？

这可以解决吗？或该研究是否应该使用完全不同的方法？

- 参与者的隐私和尊严是否得到了充分的尊重？是否尽了一切努力来注意那些关系到个人的小细节？

质问你的动机和利益

许多研究的进行是出于商业原因或是为了相关工作的改进或部门利益，如支持某一政党的工作。这未必是不道德的，然而，当商业或财政利益发挥作用时，就会有不同的伦理方面的考虑。

参与者和合作研究人员、赞助商和你的学校或学院都应该了解研究到所涉及的利益，并能够决定他们是否希望参与其中。这就意味着他们要考虑这些事情：

- 你打算如何处理你的发现
- 你或其他人是否会获得个人利益
- 其他的公司、组织或机构（如果相关的话）打算从你的研究中获得什么
- 该研究是否打算促进某个特定团体或组织的利益，无论是宗教、政治、社区、说客、商业、教育、环境或其他组织

反思后果

这意味着要从不同的角度审视你的研究项目，用反思的方式找出潜在的问题，并考虑是否会出现任何意想不到的结果。

权利：考虑一下你的研究可能会以何种方式侵犯他人的权利。从伦理的角度来说，“权利”可能不等同于合法权利和寻常惯例。

困扰：考虑一下你的研究方式是否会过分困扰他人，即使你的研究是合法的。困扰可以避免吗？

公平：考虑一下你选择、实施或报告研究的方式是否对他人体现公平。抄袭同学的观点就没有很好体现出对研究道德的理解。

包含性：考虑一下你的研究是否恰当地包含了来自不同背景和环境的人。

安全措施：当和一些弱势群体合作时，如儿童、老人或有特殊疾病或残疾的人，需要给予哪些特殊的照顾？

节约：你是否可能会浪费资源？

保护：你是否使用一些需要以特殊方式处理的稀有文件？如果有的话，你是否执行了相关规则来帮助保护他们？

透明：你问问题的方式是否有故意误导或有欺骗嫌疑？

诚实：如果你做出相关承诺，如研究的结果、利益、完成时间表或费用，你能否兑现？

安全：对参与者来说，是否可能存在数据没有被保密的风险？（细微材料泄露引起的风险并不会立刻显现）

尊严和尊重：如何能避免你的研究侵害他人的尊严？对于可能导致的不必要的尴尬你会提出问题采取行动吗？

如果发现难解的问题怎么办？

如果在早期发现了伦理问题，这并不意味着你就不能研究这个主题了。确定问题是解决问题的第一步。如果你想要合理地进行研究，你就要找到一个解决办法。

如果有一些你无法解决的很严重的伦理问题，要立刻和你的导师商量。他可能会为你指明一个不同的路径，使你的研究符合伦理要求。

好处 vs. 风险

风险总是存在的，心烦也必然难免。尽管要认真考虑风险，但也要时不时想想好处，这样才能保持平衡：

- 风险有多大或伤害的程度有多大？
- 发生的可能性有多大？
- 研究的好处有哪些？
- 好处真的大于风险吗？
- 如果你认为好处确实大于风险，那么在你的选题中表明你的立场

诉讼程序

给参与者或其他各方提供一个投诉的程序，如果他们觉得自己有正当理由的话。例如：

- 提供一个列有该部门或机构的诉讼程序的网站详情
- 提供你的学术部门的详情，将它们印在讲义或材料上提供给参与者或他们的父母或监护人
- 在你的研究报告中包含你的学院、大学和部门的名称、及其主网站或网站的地址

12.4 伦理思考

在选题阶段和每个研究阶段，都要核实你是否充分考虑了每一个与所在阶段相关的伦理问题。一旦完全解决，请核对打☑。如果有不适用的内容，请用线划去。

我已经充分考虑了以下每一项内容，并采取了适当的措施来确保每一个问题都已解决。

儿童和弱势群体

- □ 需要弱势群体的参与，如儿童
- □ 符合与弱势群体合作的道德规范
- □ 参与者或他们的看护人（如果相关的话）签署同意书

匿名和保密

- □ 保证匿名
- □ 保证保密
- □ 保证数据安全
- □ 关于匿名、保密或安全性，没有虚假承诺

学术诚信和知识产权

- □ 承认所有资料来源
- □ 对材料和原始资料的使用有必要的许可和权限
- □ 如果权限被拒绝，不使用这些材料
- □ 尊重他人的知识产权（在精神上和在法律范围内）

利益冲突

- □ 充分认识潜在的既得利益
- □ 充分认识潜在的利益冲突
- □ 既得利益声明（自己的或家庭成员的）
- □ 无偏见的结果报告
- □ 仔细考虑到其他的后果（例如，老板或机构的声誉）

节约资源和保护环境

- □ 照顾脆弱的、稀有的资源或材料
- □ 考虑动物、野生动物、自然栖息地、水等
- □ 考虑环境选择（环境足迹；绿色奇迹等）
- □ 环境影响

健康和安全

- □ 从不同利益相关者的角度思考健康和安全问题
- □ 从不同利益相关者的角度思考研究的后果

签署知情同意书

- □ 为了给予知情同意，参与者获得了所需要的信息
- □ 参与者了解研究的目的和性质
- □ 参与者了解他们需要做什么
- □ 参与者签字同意参与
- □ 参与者签字同意使用他们的反应、数据、图像等

总的来说

- □ 坚持“无伤害”的概念

有用资源

国家研究道德规范协会(NRES)，网址：www.nres.npsa.nhs.uk.

第13章

撰写研究选题

选题的目的

一份详细的选题能够帮助你：

- 搞清并阐明理念
- 综合你早期的观点和阅读
- 做好充分的基础准备工作
- 在早期阶段确定潜在的问题，以便有足够的时间去应对
- 从多个角度证明研究的可行性
- 提交选题获得正式的批准

在审批阶段会发生什么？

你的导师或一个委派小组会审阅你的选题，然后决定你的选题是否：

- 符合任务摘要的要求
- 大体上合理可行
- 有法律、伦理、健康和安全方面的问题需要处理
- 存在潜在的问题以便给予你正确的建议和指导
- 能够通过

审批通过不能确保：

- 研究是可行的，因为这取决于你之后如何展开
- 不会出现进一步的伦理问题
- 你的研究一定会成功

到目前为止我应该做了什么？

在提交选题之前，你要考虑它是否可行。一个无法实施或存在重大缺陷的选题试图获得批准是没有任何意义的。如果选题被拒或返回重改，这都会减少你实施和完成研究的时间。

如果你已经完成了这本书到目前为止的各个章节，并且能够填写主题和选题的一览表，那么你的选题很有可能获得批准。

一个好的导师会督促你尽早把想法写下来

13.1 选题

证明你对这个领域的了解

在选题中指明你阅读的重要资料或能够表明你对相关话题的重要作品的了解。

指出你的基础准备工作

总结或证明你清楚地了解被普遍接受的前人的研究基础。你的研究是以这个为基点的。

确定你的"议题"

通过对背景知识的了解，你应该已经发现了一些空白、问题和未被研究的议题或不确定的领域，这为你的研究提供了一个机会。针对这一议题提交一个简单的提纲，陈述你的研究将怎样在一定程度上解决这个议题。

陈述你的论题/假说

总结你的研究旨在发现什么，把它作为你的论题或假说进行陈述。

指出研究范围

尽可能精确地陈述你的研究将会涵盖的内容。研究范围的精准度要非常明确，使导师明了你的研究将不会包含哪些内容。如果选题仍然存在不明确的地方，简要陈述这个研究不会涉及的方面。

阐述你的方法论

指出或概述你将在研究中运用的方法论。使用你所在学科的专门术语来描述你打算运用的方法论或研究设计。如果相关的话，对你将要运用的统计方法或理论框架的细节进行简短介绍。通常在选题阶段没有必要对细节进行详述。

涵盖道德考虑

在选题时，依照你的部门或机构的道德规范评估你的提案。如果要求的话，在你的选题中随附一份签字的文件，证明你遵守了道德政策。

说明研究可行

简单概述你将运用的方法。指出研究的领域和范围以及每个阶段预计的时间。这会帮助你的导师辨别这个方法是否可行。

评估一览表

在开始撰写选题之前，参考一览表以确保你涵盖了所有的角度。当你勾掉一览表上的一项时，确保你是基于仔细的校对和计划而不是凭空猜测。对于每一个项都要这样做，即使你需要正式提交的内容中不包括这个方面。

风险

- 说明你已经充分考虑到了任何潜在的风险。
- 向你的导师提出任何有争议的问题。

专业的指导

和你的导师就选题草案进行讨论，如果导师建议你修改，给自己留出足够的时间。

测试:对选题进行试验

如果可以的话，进行一次小规模试验来检测你提出的研究方法。和你的导师一起讨论这个测试并上交你的选题和测试的具体内容。你的选题需要体现出你对以下内容有很好的理解：

(a) 你将要研究什么
(b) 为什么研究
(c) 确保在你研究的学科范围内
(d) 遵循制定的任务摘要

13.2 形成你的论点

阐明你的论点

当你的观点与你的研究方法论一致时（第11章），那么作为构成你的选题流程的一部分，你需要用一到两句话清晰简洁地总结观点，阐明你的研究将要包括的内容和你对这个问题的态度，来表明你期望通过你的研究来传达的内容。在研究的过程中你的观点可能适当地改变。

如果你要应用现象学、扎根理论和类似的方法论，你需要提交一份文件陈述研究目的和你将使用的方法论。

针对实验性的课题，尤其在科学领域，你需要撰写一份研究假设，而不是研究论点。

论点的作用

你的论点应该：

- 总结你的核心信息，让读者明确了解你在这个课题上的观点
- 通常由一到两句准确、清晰、简洁的句子组成
- 是选题初稿的一部分，便于你了解研究将要弄清楚什么
- 写在你报告、论文或学位论文的引言部分。根据你的研究结果，你可能对选题中的论点进行剪贴粘贴。如果研究结果让你改变了对于这个课题的立场，你能够在文章的引言部分陈述这一转变
- 是你的学术论文、论文或报告中频繁提到的中心观点，对读者起导向作用
- 形成你的论断

优秀的论点的好处

清晰。形成观点需要提炼和整理你的想法从而帮助你形成一个结构性强的论证。

一个明确的参照点。论点为你的研究或撰写提供一个参照点，你可以不停地参照这个中心检查以防你偏离主题，对于大型任务而言尤为重要。

形成你的论点

当你开始撰写论点时，确保你对这个课题已经有了扎实的知识基础和理解。

广泛阅读。审视不同的观点，认真考虑并记下想法，权衡选择，直到你思路清晰为止。

在最优秀的研究中，作者清楚地了解自己的观点和他人的不同观点，从而形成了强有力的论证。如果在吸取他人不同的观点后仍然能够以令人信服的论据支撑你的观点，你的报告或学位论文将会更有可读性。

评估我的论点:一览表

我的论点的优势是:

- ☐ 它符合任务摘要
- ☐ 它言简意赅
- ☐ 对于这个课题我的立场明确
- ☐ 它会让我形成强有力的推理/论证
- ☐ 此时，它与我假设的研究结果相符

13.3 形成你的假说

什么是假说?

事实上，假说是一个理论或是你自己对于在特定情况下将要发生什么和为什么会发生的“最佳猜测”。它是一个命题或前提，条件A在理由C的作用下将产生结果B。

然后你的研究对你的理论或假说进行测试，来看看它是否完全成立或者是部分成立还是根本不成立。这可以通过一系列的方法，例如实验、调查或观察来进行。你通过这种方式来设计你的研究使它尽可能全面地检验你所收集的证据是否能够支撑你的假说。

假说是在你进行研究之前形成的，并且准确地陈述出你期望发现的内容。为了形成你的假说，通常你需要进行大量的思考和背景阅读。你需要了解已经测试过的相似的假说及其结果，哪些空白可以使你形成自己的假说。前人研究的结果可以帮助你推断结果并找到和形成一个合理的假说。

客观且公正

当测试一个假说时，你的研究应该客观。研究目的不是要证明你的假说是正确的而是要测试它。你的研究应该公正，使其证明你能够设计出严谨、可靠且有效的测试方法且不论结果如何你都能提交一个清晰、透明而真实的结果。即使你的结果不能证明你的假说，它本身也是一项成果且仍对学术有一定贡献。

假说的本质

你不能“证明”假说。

你可以推翻它——如果你的研究结果不支持你的假说。这仍然促进了我们对这个课题的理解。要意识到你的假说有可能是正确的，仅仅因为你的样本规模太小以至于不能证明。

你能够提供支撑这个假说的证据

要意识到这远不能证明你是正确的。你的研究的结果依赖于特定的条件。经常会出现进一步研究无法支持早期结论的情况。这就是为什么说一项研究彻底“证明”了某事是有风险的了。

运用你的假说

你的假说是你研究的焦点和你所写报告的支柱。

- 结果部分：在这一部分，你要陈述你的研究结果是否支持你的研究假设。
- 讨论部分：在这部分，测试产生你的结论的理由或条件以及论据为什么支持或反对这个假说。
- 摘要：陈述你的假说，结果是否支持这个假说以及研究意义。

评估我的假说：一览表

我的假说的优势：

- □ 它符合任务摘要
- □ 它明确地概括了我将要进行的研究内容
- □ 它很精确
- □ 它只有一种解读
- □ 很显然，我的假说会成立
- □ 其他人会清楚地了解为什么我根据之前的研究会形成这个假说

13.4 如何撰写研究选题

应该这样撰写你的选题使其看起来令人信服：

- 它以背景阅读和深入调查为扎实的基础
- 进行合理的假设，符合任务摘要的要求

目的清晰

清晰地阐述研究目的，既不能言过其实也不能使读者产生遐想。尤其要确保你的研究目的和你想要证明的问题是毋庸置疑的。如果表达清楚准确，即使选题存在一些瑕疵，你的导师也会为你提供好的建议。

行为明确

选题采用课程中所用的风格，多用动词表达你将要采取的行动，这可能包括含有第一人称的主动动词：

- ‘我将会测试当X……时会发生什么’
- ‘我将会证明……’

或者，对于理科和倾向于客观研究方法的研究，可以使用被动语态：

- ‘一项调查将会展开……’

- ‘X和Y可以直接进行比较’

或用第三人称书写：

- ‘这项研究将会揭示某个领域……’
- ‘这个研究将会调查……’
- ‘结果明确了是X……还是Y……’

避免犹豫不决和含混不清

撰写选题时个人立场要坚定，避免犹豫不决或暗示结果可能与计划有偏差（即使这个可能性经常发生）。不要用这样的表达，如：

- ‘我试图检测……’
- ‘研究将要探索……的领域’
- ‘总体上的目的是……’
- ‘尽可能提供准确的结果……’
- 试写选题

把它当成一份真实的报告来写，精确陈述：

- 你计划做什么
- 你做了什么
- 结果
- 一个简洁批判性的大纲，说明哪些部分可行、存在不足或仍需提高改善
- 当你开始收集数据时怎样安排调整你的研究方法

简要分析你的选题，紧扣主题

- 避免对正确的方面大加赞扬
- 不要为任何需要改进的地方道歉或找借口
- 包含所用材料和所收集信息的复印件

准备一个强有力的书面选题

书面选题至少暂缓一天再写。然后，以你的导师和审批小组的立场用批判性的眼光来审视你的选题。考虑当他们审阅这份选题时会有什么疑问以及你是否已经提供了所需的答案。你第一次做这个时，很可能发现你需要做很多的改进。用充足的时间进行修改是很重要的。

使用评估一览表

再次参看评估一览表。评估你的选题是否适于提交。

13.5 评估我的研究选题

我的选题的优势

根据下列要点认真考虑你的提案。对符合的每一项进行核对标记。如果有没能做到的要点且这个条目与你的选题相关,那么针对那个方面要多下功夫。

1.我撰写的选题符合我的课程要求和/或任务摘要	16.我的方法将与方法论或理论框架保持一致
2.它有清晰的结构、明确的章节和标题	17.我与参与者工作的方式和共同使用的材料
3.我选择了很好的主题	18.符合健康和安全要求(如果相关的话)
4.我选择了措辞考究的标题	19.有理由认为可以通过收集和分析需要的数据/材料去证明研究假说或回答我的问题
5.形成了好的观点/假说或研究课题	20.研究的范围与可用的时间成比例
6.我已经写好了文献综述初稿(无论是否需要提交)	21.这个研究符合伦理要求
选题清晰明确地交代了下列内容:	22.我能在规定的时间内证明我的研究
7.选择这个课题的理由:我认为这个课题有明确的研究价值	23.很显然在截止日期之前能够完成研究
8.我旨在发现什么	24.整个选题是完全可以实现的
9.我对我的研究领域以及我的研究在这个领域所适合的范围有深刻的了解	**试验(如果需要)**
10.我的研究方法将以先前的研究为基础并对这个领域有所助益	25.我已经通过试验环节测试了我的方法
11.我的研究在我的学科范围内	26.我用试验来鉴别需要改进的地方
12.方法论和/或理论框架支撑我的研究设计	27.我已经调整或改进了我的方法来解决试验中出现的问题
13.我的资源和/或原材料和/或参与者的特质	28.我知道改进将会起作用
14.需要时可以获得的资源	29.我已经在选题中加入了试验的细节
15.收集我需要的信息或数据的方法	

第三部分　从事你的研究

一旦你的研究选题被批准了，你就要按照你提出的方法进行调查研究。因为课程要求提交选题的时间不同，这部分工作开始的时间也有所不同：

- 你的选题可能只有一个大概的提纲，还没有制定出研究方法的细节
- 或者：你已经清楚地说明了你将如何采集信息但是你不确定你的方法是否有效
- 或者：你已经测试了你的方法，调整了它们并且把它们作为选题的一部分提交并获得批准

如果你已经按照第2部分的要求做好选题，那么你就可以开始收集数据了。这好像意味着你开始了“真正的”研究，但其实你在选题阶段的扎实准备意味着你的研究早已在进行了。

这一部分将核心思考如何收集和运用信息构建研究的证据基础。

收集信息

- 决定你将采用哪种信息作为你的原始材料——这将成为你的“证据基础”。
- 决定收集这种信息的方法。
- 整理信息以便使用。

有时 Gordon 会困惑他是否选择了最好的方法来研究回收利用问题！

解释并提交结果

- 搞清楚你的发现。

- 列出主要的结果。
- 清晰地提交这些内容。

第三部分的目录

学生们如是说……

一致性和时序性

我开始收集数据,心想会有好几个月的时间来进行观察和调查,然后我就可以坐下来弄懂所有数据。但实际并不是这样的。一段时间之后,我就能对参与者的回答预测个八九不离十。我告诉了导师,她说不要让参与者察觉到这一点,否则会影响他们的反应。我们讨论怎样才可以对每一个参与者都采用研究一开始所用的同样的方式,以便使我的结果有效。我知道这很重要但是我发现这有时很难做到。

她还说如果我能够发现新的模式,可以给她写一个中期报告来帮助我进行论文的撰写。我觉得这也许有点浪费时间因为我还没有准备好。但是,事实上这是一个好主意,因为后来这节省了我很多的时间。当阅读我的中期报告时,导师提出了一些对我非常有用的研究材料。这些为我在解释数据方面提供了新的想法并且可以增加到文献综述中。如果我把数据都放在最后分析的话,我可能不会读到这些材料。

测试

最让我吃惊的是测试我的调查。我并不想做测试因为我认为我的调查设计得相当好了。我只想实施这个调查然后进行分析。但是我的导师说至少要进行一轮测试。所以我邀请了六位朋友进行了测试。他们稍稍做了一下,没有人回答完所有的问题。当我问他们时,我发现他们对一些问题的理解与我的设想完全不同。他们对于一些问题不太明白,因此或是没有回答或是以错误的方式使用评定量表。他们表示有些问题使用评定量表没有意义。有许多地方需要重新考虑,近一半问题的用词需要更改。直到做了三轮测试我才满意。

适可而止	组合研究方法
我发现总有一些其他的文献要读。我不知道如何判断什么时候停止跟踪信息来源，什么时候停止收集材料。我认为所有的材料都是允许读的，即便是不太相关的文件。我不想就这样的问题麻烦导师，免得他认为我很懒。幸运的是后来我发现我不用读那么多材料。	我课程中的每一个人都互相询问研究方法，是采用问卷、调查、采访、实验还是官方数据等等，我也陷入了这种思维模式中，直到最后我才突然醒悟，我不需要做选择，我可以把这些方法组合起来形成更全面的观点。

第14章

证据基础

当你要把自己的研究写出来时，所有的论断和结论都要建立在对坚实的证据基础的批判性分析上。你负责搜集证据基础，并在导师的指导下决定哪些将构成充足的证据基础以：

- 回答研究问题和/或支持研究假设
- 确保有合理的信心，相信你的研究发现和你基于这些证据基础做出的任何判断都是可靠的。

方法

早期的任务是决定使用哪些方法和手段来收集、整理和分析信息。可能是通过这些方式：

- 调查
- 观察
- 个案研究
- 批评文本
- 拼凑事件
- 实验
- 访谈
- 使用文献
- 分析官方数据
- 综合以上方法

方法：审视选择范围

在选择方法时，人们总是倾向于最得心应手的或最喜欢的方法，反而忽视那些最有成效的方法。在采用一个方法之前，请考虑一下不同的可选项。不断地问自己这样一个问题：

这个方法或这种说法会带给我所寻求的结果吗？

决定你所使用的原始材料

对研究方法的选择必然与选择使用哪种原始材料或数据紧密相关。你所选择的研究方法会大大取决于你是否使用实验数据、历史文献、文物、岩层和矿物质、数字媒体、视频、参与者的反应等等。

试用你所选择的方法

如果可行的话，在一个试验中检验一下你所选择的方法能否带来你想要的各种信息。试用有助于发现一些容易被忽略的缺陷，例如：

- 参与者是否理解指令和/或问题
- 对你能够跟进的主题的数量，你是否定的目标太高
- 是否能对观察中计划的项目准确记录
- 你记录访谈的方法是否令受访者感到不愉快
- 你收集数据的方法是否难以整理、解读或呈现

试行是很有必要的，所以要避免在这个过程中走过场。要利用这个机会来检查调整你的研究设计的方法。

保持系统性

以一种有条不紊的、有计划的方式，准确地进行研究。一旦开始收集数据或参与者的反应，坚持下去，并得出其逻辑性的结论，即使在你的设计中可能发现缺陷。或者，如果有时间的话，用一种改进的方法重新开始，并使用新的相关参与者。

14.1 决定你的数据和"原始材料"

数据

有时我们想当然地认为"数据"是统计数据或数字的另一种说法，然而，它可以指各种文字的和数字的信息或"事实"。

需要注意的是在英语中，"data"一词是拉丁词"datum"的复数形式。所以你在用英文写报告时，应该将其看做是复数名词，例如

- 数据尚不清楚（the data are unclear）
- 或数据表明……（the data indicate that）

我需要多少材料？

这是学生提出的一个关键问题。这可能是你最难准确判断的方面之一。它取决于你需要使用什么材料回答你的研究问题。

调节证据基础的规模

为了尽量兼顾以下不同的要求，要小心地调节证据基础的规模。

- 研究的性质：对于类似的学生研究，通常需要多大的证据量？
- 一个合适的证据基础：你真正需要哪些信息来获得有意义的结果和/或回答你的研究问题？
- 时间要求：你会花费多长时间来收集和处理所有的证据？
- 时间资源：有多少可用的时间来收集和处理证据基础？实际上，在可用的

时间内你能真正处理多少材料？

最好不要在数据收集方面碰运气：要避免在开始时就抱有“只是看看能收集多少”的心态。这对采用更开放式的方法的研究来说尤为重要：为了确保证据基础仍是可控的，有必要研究设置参数。

这就意味着要控制那些大多数在你操控之下的因素，例如个案研究、事件、主题、范例或参与者数量、你分配给每个观察的时间或为个案研究或一项历史研究所设定的时间尺度。

样本规模计算器

样本规模计算器是一款免费的在线资源，它能够指出所需的样本规模，从而使你对研究结果有信心：www.surveysystem.com/sscalc.htm

要……

- 调查类似研究典型的证据基础
- 认真计划你要收集的内容
- 为了使你的结论有意义，收集足够的数据
- 管理过程，这样能让你尽可能少地碰运气

不要……

收集比你需要或能用到的更多的信息：太多的信息可能会产生问题。

这通常意味着要花费时间来收集、整理和选择你不能用的材料。太多的材料也可能掩盖关键信息。

14.2 第一手和第二手资料

无论是与导师、与研讨小组还是答辩中讨论自己的研究选题时，你必须了解一手资料和二手资料的区别。你也可能需要在参考文献中分别列出这些资料来源。

第二手资料

它们是什么？

第二手资料是指书籍、文章、论文和其他由别人写的或创作的类似材料，它们可以促进你对主题背景的理解。你会用这些资料来了解专家对这个问题的相关研究结果、分析或观点，并决定是否在你的研究中明确地使用这些资料。这些材料与你的研究主题相关，通常你会在文献综述中进行参考来帮助你分析和讨论证据。

例1:第二手资料

假如你在研究19世纪科学对艺术影响的某个方面，为了了解背景知识，你可能会利用一系列近期写的关于这一时期的背景文本。二手资料的范围可能包括从关于艺术和科学的文本到这一时期思想交流的文本、艺术产业如何组织的文本、工业展览的影响的文本、摄影技术变化的文本或艺术家的素材成果。

我何时使用它们？

对于进行几个月的较短期的项目，你基本上要在自己的研究开始之前使用这些资料。对于持续一年或更久的较长期的项目，你要继续阅读一些二手资料，这样做是为了：

- 确保你能了解该主题的最新材料
- 浏览至少看似相关的材料
- 利用最新的相关材料，以便可以添加到文献综述中，或支撑你对结果的分析和讨论

第一手资料

第一手资料是指你的原始资料。它们是你的研究对象，是证据基础本身的一部分，而不是用来阐明研究结果的资料。虽然这些通常是你收集来的数据或你自己选择的文献材料，但是使用资料的方式决定了它们是一手资料还是二手资料。

例2:第一手资料

假如你研究的是21世纪早期艺术和科学之间的关系，那么例1中作为第二手资料的一些课本可能会成为你的第一手资料或原始资料。

第一手资料

第二手资料

第一手资料

第二手资料

14.3 决定你的原始资料

哪些原始资料?	权限?
对于我心目中的研究课题,我的原始数据或证据基础将从以下资料中获得。(指出你计划使用的任何资料) ☐ 我通过实验、调查、问卷或访谈生成的数值数据或资料 ☐ 我通过实验、调查、问卷或访谈生成的定性数据或资料 ☐ 我对个人或群体在受控或日常环境中的观察记录 ☐ 在公共领域中已有的易于访问的数据集,例如官方统计数据、气象记录、财务记录或专家数据库 ☐ 通过私人渠道获得的数据,例如非公共领域中的公司记录 ☐ 已发布的资料,例如文学作品、政府文件、法规、公司对出版的历史手稿的网上收集、法律文件、政治论文、哲学短文、DVD 光盘、乐谱等 ☐ 大量未发布的文件、手稿、记录、成绩,例如私人、专家持有的或官方收藏的这些材料 ☐ 我自己记录的现场活动,例如我参加过的访谈或演出 ☐ 其他人的事件记录,例如访谈记录、播放的演出记录、事件评论记录 ☐ 稀有物品或文物 ☐ 物质资源,例如岩石、矿物或纺织品	是☐否☐ 为了利用某些原始资料如文件和文物,是否需要特殊权限? 是☐否☐ 如果需要的话,是否有相关的费用? 是☐否☐ 如果有一个使用这个资料的申请程序,我能尽早得到回复吗? 是☐否☐ 是否会给我发送资料? 是☐否☐ 我是否会很快获得资料? 是☐否☐我是否必须亲自访问才能获得资料? 是☐否☐ 是否会限制我访问这个资料的时间? 是☐否☐ 我是否有足够的资金来支付使用这些资料的全部费用? 是☐否☐ 考虑到从接受申请到最后准许所需要的时间,我是否将有充足的时间来利用我需要的资料? 是☐否☐ 这个资料是否重要:没有它的话,我的研究可行吗?

14.4 资料选择和样本

选择的必要……

如果你的研究主要集中在一个特定文本、文件或事件上，有时你的证据参数是不言自明的。而更多的时候，收集和分析什么样的数据或材料则很难抉择。你对证据的选择必须建立在合理的基础上，而不是任意选择。

通常情况下，你可以根据以下这些内容来做出选择：

- 最合乎逻辑的参数，如时间段、主题、地理位置、一个特定艺术家的作品、文档集或文本集，这样你可以使用所有可用的证据
- 或者：从“总体”中抽取一个合适的样本。（完整数据集或实例总数，无论是鱼、岩石、患者等，都被称为“总体”。）

这里的假设是，这样的选择会产生和你从一整套（相关文件、数据、事件、人口等）中获得的结果相类似的发现。

选择一个有代表性的样本

通常情况下，你不能在一项研究中包含所有实例。相反，你会选择一个样本来代表整体。如果你的样本具有代表性，那么它所得出的结论能使你对整个总体做出准确的推断。

这里的挑战在于要确保该样本是真正具有代表性的并且不偏不倚，否则就会使你从结果中得出的推论无效。你的目标是要确保排除那些故意的和不可预见的偏见和歪曲现象。

随机抽样

随机抽样可以产生具有代表性的样本。作为一种能保证样本客观、公平、公正的简单方法，随机选择是很吸引人的。这可能是通过选择调查每隔10个家庭或前100名受访者来实现的。但是，你必须仔细检查“选择偏见”，即使是在明显的随机样本中。每隔10个门牌号码，偶数门牌号的房子可能是在道路的同一侧，这本身可能代表不同的住房、社会和经济情况。一项调查的早期受访者可能不代表其他人的情况。

有目的的样本

这些样本的选择是基于特定的特征，而不是在随机的基础上。你的结果可能只适用于共享这些特征的群体。你要选择与你的研究相关的特征组合，如年龄、性别、种族、能力、工作地点、职业、工作时间长度、出生年月、教育、语言、血型、健康、体重等。

当你的研究涉及人时，你不可能控制每一个变量。你要决定好哪些特征和你的研究是最相关的。这样做的典型方式有：

- 选择一组具有特定特征的参与者，或

- 如果有多组参与者，确保每一组都与相关特征相匹配：除了那些你要测量的变量，每组应该共有一个类似的形象特征。

例子：控制变量

（a）所有的参与者都为男性，年龄在19~25岁之间，全职工作（每周工作37个小时及以上），每周开车40~60英里。

（b）所有参与者的年龄在65~80岁之间，不吸烟，在该地区居住10年以上。

（c）这4组参与者都符合年龄、性别和人体重量指数的要求。每组都有不同的健身方法。

14.5 样本量

样本量

如果你的样本小的话，可能会冒更多的风险：

- 没有代表性
- 产生的结果更极端，并有太多的“异常值”
- 产生的结果表明你的假设是错误的，即使它可能是正确的
- 你的结果被有更大数据库的类似研究所推翻
- 你所做的任何归纳概括都是无效的

样本量和统计意义

你的样本应该足够大以确保数据是有意义的，你的结论不是偶然发生的。换句话说，样本过小可能意味着你的研究毫无价值。Kahneman (2011) 认为，甚至很多专家的研究会使用过小的样本，这是因为他们没有进行数据统计，单单依靠对数据基础构建的错误直觉。

一个偶然结果的概率

定量数据非常重要，这体现在偶然出现的结果的概率。如果你将要承担一个潜在的风险，例如投资或贷款或接受一场严重的手术，相对于百万分之一的概率，你在1/10的概率面前会更加缺乏自信 。

概率表示为 $p = < 0.0$（数字）

例子

$p = < 0.1$（一个小于1/10的概率，结果是随机的）

$p = < 0.01$ （一个小于1/100的概率）

$p = < 0.001$（一个小于1/1 000的概率）

$p = < 0.0001$ （一个小于1/10 000的概率）

什么样的样本量是合适的?

官方民意测验和调查

政府民意测验和类似调查把大约1 000名参与者作为目标来判定国民意见或行为。一些医疗和药物试验的样本要大得多。

小项目

更小规模的学生研究主要是为了让学生学习方法，其结果不太可能具有太多的统计意义。较低水平的统计意义可以通过相对较小的样本来获得，虽然每个实验条件最好都有至少20个参与者参加。

更大规模的研究项目

对于学位论文和小论文，你应该适当调节你的样本量，权衡：

- 时间：与样本中的每个项目或人打交道会耗费多长时间
- 费用:大样本的创建是很昂贵的，虽然电子媒体有时可以减少费用
- 需求：为了获得相关的有意义的结果，真正需要多大的样本

14.6 样本和研究重点

研究标题和精确的抽样

你的研究标题与你对资料或样本的选择有着密不可分的联系。从下面的示例可以看出，你的研究标题对你的样本进行了部分的定义。

例子:选择一个样本

报告标题：“抗生素的公共使用：对18~30岁、生活在英国Marsbley、完成一个疗程青霉素治疗的居民的性别差异研究”

如果这是你的标题，那么无论你以何种方式收集你的证据基础——与医生交谈、使用官方数据、采访患者、调查或是其他途径，这个样本都将受限于以下几条内容：

*只能是生活在Marsbley*的居民。你需要决定你的参与者是否是居住了任何一个特定时间段的居民。最近的新移民会对使用抗生素持有不同的态度吗？而这会

使你的调查受到影响吗？

只能是18~30岁生活在Marsbley的居民。你需要定义参与者的年龄介于哪个具体日期范围内。

只能是完成一个疗程青霉素治疗的18~30岁的生活在Marsbley的居民。你的样本将不包括：

- 没有被开过青霉素的人
- 被开过其他抗生素的人
- 服用了并非开给他们的青霉素的人

代表性的样本

你通常要确保你的样本具有和总体相似的形象特征，例如在你的样本中和Marsbley总体人口中的民族或社会经济群体的比例要相似，或那些短期和长期患病的人的比例和接受青霉素治疗的人的比例相匹配。

回顾你的重点

一旦确定你的样本要包含哪些，你可能就会发现你需要修改你的标题，当然这要获得导师的许可。这样做的原因是：

• *可用的总体*：没有一个足够大的、符合要求的总体来产生有意义的数据。在上一个例子中，Marsbley可能是一个非常小的村庄，没有足够的年轻人既是18~30岁，又符合样本的条件。

• 不可预见的变量：你在试行自己的方法时，可能会发现这里有一些不可预见的变量。例如上一个例子，年龄的范围相当广泛，所以年纪稍大的参与者和年纪较小的参与者在学校接受的健康教育可能不同。教育的差异性也可能是一个关键因素。如果样本足够大并在年龄范围内性别均衡的话，设计研究检测这两个因素的影响。

告诉你的读者

向你的读者说明你选择样本的方法及其原因。

当听到别人说她的样本可能有些偏差时，Edith感到很震惊

14.7 证据基础

如果你已经完全解决了以下内容，请核对并打☑。对下列每一项给予充分考虑，如果从一开始这些方面就不对的话，将会对你的最终论文或报告有哪些潜在影响。如果有与你的论文不相关的选项，请将其划掉。

收集证据基础之前

恰当的证据

- □ 我已经决定了我的证据基础的性质(请见“原始资料”)。
- □ 我已经决定了选择原始资料的标准(如时间段、日期、来源、地点等)。
- □ 我已经决定了收集这些证据所用的方法(请见第三部分)。
- □ 我已经核实过了我有足够的恰当证据可用，并且/或者收集这些证据将是可行的。
- □ 我已经和导师讨论过了我所计划的证据基础,以核实它是否恰当。
- □ 我相信我有技术和/或分析能力来处理我所计划的证据基础,或具有获得这些证据基础的支持。
- □ 我已经试行过了我的方法,以核实这些方法可以得到我所需要的证据基础。

抽样

- □ 我非常清楚自己为什么要使用这样的抽样方法。
- □ 我已经充分考虑了所有可能干扰到我的研究结果的变量,并设置了条件来控制它们。
- □ 我相信我所计划的样本量是足够大的,并可以得出有意义的结果(如果相关的话),我也和我的导师一起核实了这一点。
- □ 我相信我可以获得符合研究需要的参与者和样本。
- □ 我相信我的样本在所研究的总体中是具有代表性的。

证据基础的组织结构

- □ 我有一个系统,可以在过程中记录、标记和/或编码我的证据。
- □ 我设计了一个系统,可以在收集证据的过程中将其储存和整理,这样我就可以在需要时轻松地找到并使用它。
- □ 我设计了一个系统来储存我的证据,这样能够方便检索。

收集证据基础的过程中(为了中期检查)

- □ 我保存了一个列有我所使用的证据的列表，并记录了所有的细节。我在论文/报告参考文献部分需要使用这些东西。
- □ 我的工作具有系统性,使用的是我所计划的用来收集证据的方法。
- □ 我的工作具有系统性,使用的是我所计划的用来标记证据的方法。
- □ 我的工作具有系统性,使用的是我所计划的用来储存证据的方法。
- □ 我的这些方法得出了我的预期数据。
- □ 我对证据的初步分析表明,它适合我的研究需要。
- □ 如果我的方法没有得出我所需要的数据,我已经将其告知我的导师,以考虑这对我的研究的影响。

收集证据基础之后

- □ 我用规定的文献引用系统制作了一个全面的列表,来记录在我的研究中使用过的文献和其他一手资料。
- □ 我核实过了我的列表中没有遗漏任何一个使用过的一手资料。

第15章

与参与者合作

基于参与者的研究适用于很多学科，从社会科学、教育、医药和健康到商业和商业相关的学科、语言学、媒体和表演、产品设计、旅游、社会地理、政治和许多其他学科。

通过和参与者合作来收集研究材料能使一个任务特别有吸引力。所得到的结果往往更加难以预料，存在一些需要解决的伦理问题，复杂的组织问题，所有这些在增添了趣味的同时，也增加了挑战。此外，基于参与者的研究需要并可以提高人际交往能力和个人素质，这些都是用人单位极为看重的方面。

方法概述

如果你有兴趣进行一项需要与参与者合作研究的项目，方法有很多。这里有一些完善的方法可以利用，有大量的研究和专业手册可以帮助你梳理你所选择的方法的要点。

对学生的研究来说，最典型的方法是：

- 实验
- 调查和问卷
- 访谈
- 观察
- 对上述方法的结合使用，如在个案研究中

更多详细信息请见第16至20章。

需要考虑的事情

与参与者合作需要良好的规划和大量的事先筹划。建议你设身处地地为你的参与者着想，以便考虑如何找到他们、如何与其合作以及如何解决他们的需求。这意味着你要充分考虑这些事情：

展示：那些潜在的参与者将如何把你视为一名研究者看待？这样的看法将对你的研究有何含义？

安全和范围：在进行研究时，你要如何照顾自己和他人？

沟通：以什么方式向潜在参与者和实际参与者阐明研究目的和研究需要最好？

特殊情况：与特殊类型的参与者合作，如儿童、或在其工作场所中的参与者，会产生什么样的问题？

伦理问题

你需要证明你已经充分考虑过了与你的研究和参与者相关的伦理问题。这样的考虑应该在选题阶段就解决；请见第12章。关于与儿童和员工合作的具体问题会在下面谈到。

选择

早期需要考虑的一个重要因素是你将如何找到合适的参与者。

15.1 作为一名研究者展示自己

保持洞察力

以专业的方式展示你自己和你的研究是非常重要的，特别是当你察觉到那些潜在的参与者可能没有认真对待一个学生进行的研究时，这一点尤为重要。时刻保持高效、有条不紊、洞察、专业。

综合考虑

提前考虑那些你要面临的问题和利益，并考虑你将如何解决它们。

时间：提前安排他们的时间。

动机：如果你要向组织、企业或学校寻求帮助，那么先研究一下它们。它们是否有可能提供帮助或想要提供帮助？你的研究的哪个方面可能激发它们的兴趣，并使它们想要参与其中？

问题：做好准备，因为人们会怀疑你想要从他们那里得到什么。要事先准备好回答。

勉强：如果人们要退出，就不要再坚持。

打电话

在打电话之前，准备好谈话内容。不要照着稿子读，但要准备一个列表，包含你要谈的各项内容。要给对方留下一个印象——你已经充分考虑了这些事情，谈话的过程要有序，不会过多地占用他们的时间。

清楚通话将需要多长时间，并问他们是否能给出这些时间。自己把握好时间，不要超过你所承诺的时间范围。避免谈过多的细节，因为你将不能按时完成通话内容。

当对方说话时，要听其讲话，只在必须要节省时间时打断对方。回应他们所说的话，并迅速而有礼貌地转到列表的内容上。

面对面接触

- 稍微提前到达。要做好等待对方的准备，但不要让对方久等。
- 穿着得体恰当。
- 保持礼貌和友好，正式。
- 避免谈论个人轶事和自己的故事。

- 清楚你需要的是什么，为什么需要这些，以及谈话会持续多长时间。
- 坚守你所列出的时间表。

提供信息

- 使这一过程尽量简短。
- 简要提供必要的细节。
- 使用清晰、简单、适龄的语言。
- 解释所有的行话或术语。
- 提供准确完整的时间、地点等信息。
- 处理文字材料时，使用明确的标题，且不要使页面显得过于拥挤。
- 使用高质量的复印材料，而不是模糊的或偏离中心的印刷材料。
- 告知对方你的部门和学院，并留下其联络方式，而不是个人信息。

对你的机构负责

无论你是否觉得你代表自己的学院、学校或机构，那些与你接触的人会把你看做学习的大使。因此你要谨言慎行，避免使你的机构陷入到尴尬的境地中去。

如果你做到以下这些，会容易避免意外的结果。

- 遵守你所在的机构制定的指导方针
- 坚守伦理规范
- 不偏离你所准备的大纲或稿本
- 提前准备简短的宣传材料
- 和参与者一起研究材料的内容并给他们一个复印本，以便明白你的意思

15.2 安全和范围

安全

你要负责确保研究安全进行，为你自己，也为参与者和可能会受影响的其他人。可能包括过路人、参与者的家人、你所在部门的其他人，或那些一旦完成了你的工作，有可能出现在这个领域中的人。

风险评估

- 使用你所在部门所提供的指导准则。
- 找到与研究有关的或明显的或不易察觉的健康和安全风险。
- 确定你的研究可能给别人带来的风险。
- 评估造成伤害的可能性和程度。
- 说明你将如何通过良好的规划和管理来规避这样的风险。

你不可能消除所有的风险。意外的事故和结果都会出现，如果这些真的发生了，会要求你解释你是如何慎重考虑参与者的安全的。尽管这适用于所有参与者，

但根据风险的不同，你可能需要特别注意某些参与者，如：

- 不同年龄段的儿童
- 有各种残疾的人
- 有各种学习困难的人
- 怀孕（或哺乳期）妇女
- 病人，或有可能生病的人
- 在这种环境下的弱势人群

保护自己的安全

维护自己安全的重要性似乎是显而易见的，但你确实需要证明你已经详细而系统地思考过这个问题。

- 为你作为一名研究者和进行研究的每一个地点制定一个单独的风险评估。
- 访谈时，在其他人会经过的地方制定一个风险评估。
- 在野外进行研究时，选择安全的地点并保持电话畅通。
- 让别人知道你什么时候通过哪条路线要去哪里，什么时候回来。提供详细的联系方式。让他们知道你回来的时间。
- 不要泄露你的个人地址，使用你所在部门的电话号码和地址。

设定范围

从一开始就确定所有事情的范围，这样你就可以消除可能出现的任何形式的错误预期。这有助于避免尴尬情形、误解、失望、不必要的行为、投诉和诉讼。以下列出了一些设定范围的方法。

- 明智地选择参与者，阐明谁在这种研究环境中可能出现问题。
- 时刻保持专业的态度，这样你的动机就不会被误解。
- 集中注意力于该项目、参与者和中性话题。不要谈论自己。
- 明确地沟通项目预期，说明什么时候会以什么方式发生什么，并说明其原因。
- 让潜在参与者签署文件以说明他们明白研究的目的以及自己被要求做的事情。
- 完全遵循所商定的内容。
- 不要和参与者闲聊。

伦理问题

保护你的参与者和他人的安全不受伤害是一项伦理要求，你所在部门的伦理委员会要求你解决这个问题。

查明:保险安排

你所在的机构可能购买了覆盖学生研究的保险。请查明这些保险对你自己和参与者有何安排。包含哪些内容？不包含哪些内容？

15.3 与参与者沟通

告知参与者

一般来说，通过书面信息和私下交谈细节都是告知参与者的一个好主意。

- 你亲自和他们交谈意味着你可以知道他们没有忽略重要的信息，可以知道已经传达了所有的关键点。如果谁有任何困惑，你可以对要点进行回顾解释。
- 使用书面信息可以证明你提供了正确的信息。最好在书面信息中包含一部分让他们签署同意书。

给参与者书写信息

在这一步上通常要花很多心思，因为要提供的信息需要满足一些不同的要求：

- 符合伦理委员会的要求
- 让参与者知道你的方法论
- 通知并对参与者给予支持
- 满足潜在参与者的需求

简明扼要：人们通常没有时间或耐心去多读几行。

明确：内容不能含混不清或使参与者产生误解。

使人放心：你所写的信息应该能让参与者对其被要求做的事和原因感到舒服，让他们知道在整个过程中他们都是安全的，受尊敬的，有私密性的。

提供有用信息：参与者需要充分了解所涉及的内容。如果他们不知道自己要做什么，那么就不太可能参与其中。过多的信息可能会掩盖关键信息。

全面：所提供的信息需要包含项目目的、参与者必须做的事情、信息会如何处理、谁可以看到该报告。

把参与者放在首位

你要对参与者负责。即使你的参与者们是早已认识的学生，也必须要像任何一个研究者对待公众的方式那样对待他们。

照顾参与者也是为你着想。如果你能让他们放心，那么他们会继续参与研究并且非常用心。否则，他们可能不会参与研究，或者可能只是提供他们认为你想要的回答，这样会导致数据不准确。

一览表:把参与者放在首位

认真思考与下列问题有关的内容。

如果你在给参与者的材料中已经充分考虑并解决了以下内容，请核对并打☑。

☐ 潜在参与者在参与任何一个研究项目时可能会有什么顾虑？

- ☐ 对这个特定的项目，他们有什么顾虑？
- ☐ 怎样能使他们轻松地向我询问这样的顾虑？
- ☐ 让参与者参与到访谈/调查/观察/个案研究中多长时间是合理的？
- ☐ 在这种研究环境中，什么可能会对潜在参与者造成伤害？
- ☐ 通过参与研究，个体可能会有哪些风险或挑战？
- ☐ 可能有哪些其他的障碍会妨碍参与者参与研究？

15.4 参与者需要知道什么？

参与者在参与研究是通常需要感到安心。记住，他们可能比想象中产生更多的问题或焦虑，或更缺少时间。无论他们有没有问到，你要提前准备好问题的答案，主动解决他们潜在的顾虑。想一想你可以如何展示你的项目，以便让潜在参与者在提问之前感到放心。

15.5 作为参与者的儿童和弱势群体

全程监督或陪同

最好选择那些有人监督或陪同儿童或其他弱势参与者的项目。这样是为了保证所有相关者的安全和安宁，包括作为研究者的你。

Nancy 希望她的研究能让她忙一阵子。

所需要的许可

如果你要和弱势参与者保持持续的合作，你可能需要进行一些特定的检查。在英国，你将需要：

- 信息披露和限制服务中心（DBS）的犯罪记录查询；这可能会需要付费，并需要时间来安排
- 如果可用的话，机构（学校、青少年活动中心、公众服务机构）签署的同意书，同意儿童参与
- 父母或看护人签署的同意书
- 如果可以的话，儿童或弱势成年人的同意
- 通常情况下，你所在机构的伦理委员会或小组的批准

为获得同意和批准所做的准备工作

为获得知情同意，要提供：

- 清晰、简洁的信息，以便帮助家长/看护人/机构决定其受抚养者参与研究是否正确
- 明确表述他们同意做的事情

保护弱势参与者

在同意和批准之前，相关人员想知道你是否已经从儿童和弱势者的角度充分考虑了所有事情。他们需要关于这类问题的明确信息：

- 研究会涉及什么
- 你将如何向儿童和弱势者解释所发生的事情
- 你将如何保护参与者的安全，使其不会受到各种伤害；他们可能会要求看你的风险评估和风险管理计划
- 在如健康和尊严的问题上如何给予应有的关注
- 你将如何保持参与者的匿名身份，尤其是在会生成图片或视听材料的情况下
- 如何使用所得的材料或数据——会不会有损参与者的利益？
- 投诉程序是什么？
- 在学院或大学处理投诉的联系人的详细信息

给父母、学校、疗养院、医院/机构组织提供详细信息，如：

- 参与者活动的日期、时间、持续时间和地点
- 他人的教育和照顾会不会受到妨碍，例如噪音、出口受阻、设备、拖曳电线等可能产生的问题

实际问题

与儿童和弱势群体合作确实需要高水平的事先筹划。要考虑：

任务的复杂性：能力差异大。

对语言、语调、肢体语言和非言语线索的使用：你将如何确保参与者能充分理解所要求的内容并不会对你的意图或要求产生误解？

持续时间：参与者在感到疲惫之前能够参与多长时间？

受控条件：这些对你的参与者来说可能吗？可取吗？如你需要这样做的话，你要如何处理它们？

15.6 在工作场所中与参与者合作

许多的学生项目都是在工作场所中进行的，通常是在学生当前工作的地方，或是学生实习的地方，或是以雇主作为客户的特定项目。

雇主的许可

有一些隐秘的研究，虽然没有雇主的同意，也是允许进行的，例如那些只是基于公共领域内的数据的研究。这样的数据信息可能包括年度财务报告，面向公众的公司网站中的可用资料，或其他公众网站如慈善委员会中的可用资料。

如果你还没有考虑如何获得研究许可的话，最好先和导师商量一下并找出一个好的理由。你需要从雇主，包括你自己的雇主那里获得的许可有：

- 在你的工作时间内进行研究
- 在你的工作场所进行研究，即使话题与工作不相关

- 使用非公众领域内的公司信息
- 在工作场所中通过访谈、观察或其他方式收集你的研究资料
- 向雇主展示你所进行的研究

雇主更有可能给予许可，如果：

- 你的研究会给其业务带来实际利益
- 你可以论证对其业务和业务需求的理解
- 你可以确保机密性和匿名性
- 不会在研究中提及该公司，或者会充分识别该公司（无论哪个是相关的）
- 你可以满意地解决其问题

有时，公司人员有理由有权利不给予你研究许可。如果是这样的话，那是他们的特权。

需要解决的雇主的顾虑

你需要站在雇主的立场上为其着想。他们要考虑责任、费用和很多相关者的利益。他们可能没有太多时间来讨论学生研究中出现的问题。如果你想获得许可的话，你最好能证明你自己已经充分考虑过这些问题。让雇主放心……

- 你不会给他们造成任何不必要的法律问题或财务费用
- 你的研究不会对他们的声誉造成不利的影响
- 你已经确认了健康、安全、数据控制和其他风险，你的风险评估和风险管理计划看起来现实可行
- 你会尊重机密信息，如员工或客户数据
- 你不会泄露任何可能对其业务造成不利影响的信息，或给竞争者带去优势
- 不会造成财产或环境损害
- 你和你的研究都在你所在机构的保险或其他保险的覆盖范围内，并且你的研究不会对他们的保险带来任何影响
- 你会避免以任何方式妨碍或扰乱日常业务的行为
- 你不会打扰他们的员工

15.7 与参与者合作

如果你已经完全解决了以下任何一项内容，请核对并打☑。请将不适用的选项划去。处理好需要进一步关注的方面。

展示和责任

☐ 我充分考虑过了如何才能最好地洞察参与者的想法。

☐ 我考虑过了要如何着装以便看起来专业正式。

☐ 我考虑过了如何以“形象大使”的身份进行研究。

☐ 我已经考虑过了第12章所列的伦理问题。

☐ 我已经进行了与我的研究相关的风险评估。

☐ 我已经找到了要如何保持适当范围的方法。

☐ 我知道如何使我的项目在学校或学院保险的覆盖范围之内。

与潜在参与者沟通

☐ 我知道要用多长时间与潜在参与者谈论这个项目。

☐ 我考虑了参与者的需求和动机。

☐ 我准备了一个项目一览表，包含了与潜在参与者谈话时的内容。

☐ 关于他们可能提出的问题，我已经准备好了答案。

☐ 关于如何遵守所设定的时间，我有一个策略。

与参与者沟通

☐ 我已经为参与者制作了一个宣传材料。

☐ 我的宣传材料阐明了预计的时间。

☐ 它阐明了参与者需要做的事情。

☐ 它包括了投诉时学校或学院联系人的详细联系方式。

☐ 我准备了一个时间表安排我与参与者工作的时间。

授权和许可

☐ 我已经向参与者阐明了他们的个人数据将被如何储存、使用和保护。

☐ 我将能够确保参与者所期望的保密和匿名标准。

☐ 我已经设计了明确的同意书。

☐ 我已经收到了所有参与者已签署的同意书。

☐ 如果相关的话，我已经收到了雇主或机构准许我使用数据的同意书。

☐ 我已经确保所有相关人士知晓同意书的签署。

与儿童/弱势群体合作

☐ 我的研究设计能够时刻维护参与者的尊严、自尊和安全。

☐ 所设定的任务都在他们的能力/理解范围之内。

☐ 所有的材料、解释和说明他们都能够获得并适合他们的年龄。

☐ 我获得其父母/看护者所签署的同意书。

☐ 我已经向相关第三方（如学校、疗养院、医院）通报了情况。

☐ 如果是无人陪伴的话，我已经从DBS中核实过并获得准许。

数据使用

☐ 我已经检查了我的报告草案，以确保匿名工作。

☐ 我核实了附录和致谢中的匿名和保密内容。

第16章

实验

在很多学科中，实验都是主要的研究方法。实验在社会科学中很常见，并且如果课题适合这个方法的话，可以在任何一个学科中应用。

特征

前面的章节已经讨论了实验研究的前提和方法。需要注意的具体特点有：

- 使用科学/实证主义范式
- 经验主义
- 客观性
- 定量研究
- 检验假说
- 受控条件
- 选择样本

有助于……

- 当能够严格控制变量时，有助于调查因果关系
- 在受控条件下检验理论，证明研究结果与理论或假说一致；实验不能完全否定一个理论（因为进一步的实验可能会有不同的研究结果）

优势

- 有很多历史悠久的、证据充分的方法可以利用
- 实验可以较容易地控制规模、范围、成本、时间和其他风险，因为你更容易控制各种条件
- 实验能够确保准确的数据采集
- 研究结果有助于生成更广泛的数据库，构建理论的合理性和适用性

缺点

- 生态效度：你的研究结果可能不适用于实验受控条件以外的情况。如果能对该话题提供新的解释，进行这个研究还是很有用的。
- 在使用实验室和设备方面或材料和技术人员成本方面，可能存在资源限制。

- 实验往往不按计划进行。
- 实验可能需要很多耐心，等待其完成运行过程。
- 当涉及参与者时，会更难控制各种条件。

设计中存在的挑战

尽管在研究早期阶段可能提供了很多进行实验的机会，但这些实验可能是以公式化的方式被设计出来的，就像参照“食谱”一样。即使告诉了学生要对方法拟定总体观察，他们也可能没有充分掌握住要如何制定和设计假说。很多学生会觉得这很难，至少起初会觉得很难。

如果你发现自己就处于这样的情况的话，请留出一些时间来：

- 再仔细看看你已经进行的实验的设计细节
- 阅读一些与你的学科相关的期刊文章中的方法部分
- 考虑一下你可能会在你自己的研究中采用哪种方法

16.1 实验:规划你的实验

注意事项

一览表会引导完成规划的关键步骤并进行实验。记住在前面章节中所涉及的更广泛的问题，例如：

- 选择一个合适的、可行的话题（第8章）
- 良好的研究准则如信度和效度（第10章）
- 项目规划（第3章）
- 伦理、健康和安全，以及参与者的需求（第12章和第15章）

重点和精确

你的规划应该细致严谨。

实验要在以下方面做到精确：

- 考虑清楚概念：每一步都应该有逻辑地跟着假设走
- 术语和语言
- 观察、测量和记录

你真正在测量什么?

你需要明白在实践中你所测量的是你计划的内容：

- 做X的话会导致了Y……
- 在某种程度上你会说它确实……
- 没有其他的情况会造成Y……

这意味着你在做实验时会排除这样的可能性——你的结果只是基于以下这些的影响：

- 并非是实验中的其他因素和变量
- 随机因素，或意外
- 正常发育或变化过程，如老化、生长或自然侵蚀。

规划如何记录研究发现

决定你将如何记录你的观察和结果，例如通过记录表、观察笔记本、博客、数字记录或相关的软件和工具。

认真检查所有的潜在变量……

计划试行实验

试用你的研究方法，包括你将如何记录结果，以检查研究设计中是否有任何不可预见的问题。调整你的研究方法，直到你确信这些方法很可能会提供你想要的各种数据。

16.2 实验:控制各种条件

受控条件

你的目标是为你的实验建立各种条件，使其能够尽可能容易地准确解释你的研究结果。这意味着要消除任何这样的因素：

- 可能对实验产生不必要影响的因素
- 可能扰乱你的研究结果的意义的因素

你的目标是要创造条件，使你能够衡量一件事情或“变量”对另一件事情或“变量”的影响——来看看X是否确实会引起Y。这也就意味着要消除那些可能影响到结果的其他“变量”。广义地说，这也意味着要建立两个（或者更多的）实验条件，确保除了你变更的那个因素外，它们在其他各个方面都是完全相同的。

你控制变量的方式将取决于你的实验。实验不同，所建立的“完全相同的”条件也不同。这可能是建立相同的无菌条件从而测试一个医疗过程，也可能是根据年龄和性别把参与者分成两组来测试他们对视觉刺激的反应。

有些差异可能对你要测量的特定方面没有影响，而其他差异则不同。你需要做出判断：哪些差异是相关的或不相关的。

实验条件

你可能希望比较在不同的方式下控制同一个变量所带来的影响。每个不同的方式被称为“条件”。所以，如果你想要测试：

（1）温度的改变，或

（2）压力的改变，或

（3）温度和压力的改变

……你要设立至少3个条件。

“对照标准”

通常，你还会包括一个某种形式的“对照标准”，这样你就可以对测量结果有一个比较。如果你不改变或不操控任何一个独立变量，那么，这个对照标准就表明了在一般情况下会发生的事情。在上面的示例中，这也就意味着要设立第四个条件，在这个条件中你不会改变温度或压力。

实验对照组

同样地，如果一个实验是为了测试一种能量饮料是否能够改善学生的表现，那么在一个条件下，将不给“对照组”提供能量饮料。

然而，当参与者同意参加实验时，由于知道自己喝了能量饮料，他们的行为可能会因此发生变化。这样的心理反应也是你需要控制的一个变量。你可能会选择以这样的方式控制这个变量——给实验组和对照组看似相同的饮料，而实际上对照组的饮料只是无能量饮料。两组成员都不知道他们喝的是哪种饮料。

条件 1（对照标准）:
不操控独立变量

条件 2:
操控独立变量，温度

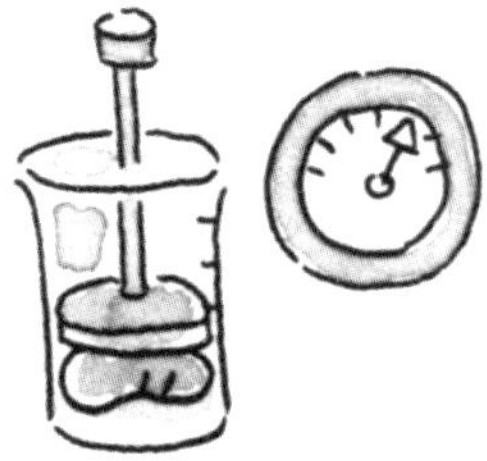

条件 3:
操控独立变量，压力

条件 4:
操控独立变量，温度和压力

双盲实验

如果研究者知道哪一个是对照组、哪一个是实验组的话，他们的行为也可能会受到影响。

为了控制作为变量本身的研究者的行为，许多实验被设计为“双盲”实验。这意味着涉及观察、测量和记录实验的所有人都不知道可能会影响其自身行为的信息，例如每个参与者被分配到哪一组。

明确独立变量

独立变量是你改变或操控的一个变量或方面，这样你就可以测试它对另一个孤立的、可测量的变量（“因变量”）的影响。独立变量可能是：升高温度；改变字体大小；会议提供的茶点等。

明确因变量

因变量是你展开调查要测量的变量——当把它放入一个已改变的条件下，即当你操控独立变量时，会发生什么。这可能是温度发生变化时冰融化的速度；字体大小发生变化时，人们在便携式设备上花费的时间；提供茶点的话，参加会议的人数。

决定：

- 在你的实验环境中，“受控条件”意味着什么？
- 你将测量哪些变量？（请见“明确因变量”）
- 你将操控哪些变量？（请见“明确独立变量”）
- 你将如何隔离这些变量，并消除或减少其他可能干扰你的结果的变量所带来的影响？
- 你是否将使用一个或多个对照标准（或对照组，如果和参与者合作的话）？
- 你会使用双盲条件吗？

16.3 实验：地点

虽然实验在大多数人心中就是一些穿着白大褂的人在实验室开展研究，但其实实验也可以在各种环境下进行。

在一个特别设计的实验室中

在以实验为典型工作的学科中，可能会提供专门的实验室和设备。你需要核实哪种资源是对你开放的，并可以使用多长时间。例如，每个学生可以分配的实验室空间、技术人员、材料和相关的预算。

基于实验室的实验往往具有这样的优势，它能够严格控制那些被操控的变量和研究的一般行为。有关基于实验室的观察和以人为基础的实验，请见第17章。

现场实验

实验也可以在实验室之外的地方进行——在“现场”。“field”可能是指真正的野外，例如对地球和环境科学家、农业和土地测量来说，但也可能是实验室之外和与实验相关的任何地方：教室、医院、超市、水下，等等。

当现场实验涉及参与者时，通常会涉及获得相关许可的问题。你可以设计一些不需要许可的实验，例如给会议提供茶点并对此是否导致出席率增加收集定量数据。

网络实验

根据研究重点的不同，也可以利用网络进行实验。网络为实验开辟了新的、有趣的发展前景，特别是在以人为基础的学科中如社会科学、媒体和表演艺术、人文学科、医疗和商业、或在技术和以设计为基础的领域中。只要你符合伦理规范，可以在线操控变量，使用在线工具来观察网络行为或其影响。这些可能是全球性的结果，涉及大量的数据。

在谈到他的在线研究项目时，Alan 把枕头列为“必不可少的设备”

谷歌工具使你能够跟踪集体行为、趋势和变化、并根据多种变量，例如地区、时间、访问时间长短等对此进行比较。你也可以设计这样的实验——参与者需要提交个人数据如年龄和种族等获得许可。

对伦理方面的考虑也是很重要的。你需要证明你的在线研究不会：

- 侵犯个人隐私或对个人数据造成风险
- 用来操控或欺骗公众

16.4 实验

如果你已经完全解决了以下内容，请核对并打☑。请将不适用的选项划去。处理好需要进一步关注的方面。

实验开始之前	试行
□ 构想假设。 □ 阐明你将如何收集数据来检验你的假设。 □ 考虑在你的实验环境中“受控条件”意味着什么。 □ 阐明独立变量。 □ 阐明因变量。 □ 你将如何及在多大程度上改变变量? □ 决定实验条件的数量和类型。 □ 决定对照标准/对照组。 □ 决定如何确保参与者不会知道他们是哪一组的。 □ 如果需要的话,设立双盲条件。 □ 当你操控变量时,决定如何测量发生的所有变化。 □ 决定记录测量和观察的时间间隔。 □ 决定如何记录结果。 □ 为了记录结果,设计、购买或改变材料或工具。 □ 核实资源是绝对可用的。 □ 仔细考虑伦理问题。 □ 解决健康、安全和保障方面的问题。 □ 详细规划你的研究方法。 □ 将你所规划的方法写出来。 □ 创造(或购买)实验所需要的所有材料。 □ 创建告知参与者所需要的所有材料。 □ 选择你的样本。 □ 确保在开始之前已获得了所有许可。	□ 按计划设置受控条件。 □ 如果你在设立实验的过程中改变了任何事情,请重写你的研究方法,并与你的导师核实一下。 □ 试行研究方法,并记录需要改进的地方。 □ 调整研究方法,然后重写报告中的方法部分。 □ 如果必要的话,再一次试行并调整。 □ 将试行写入你的论文或报告的方法部分中。 □ 在你的附录中包含试行所使用的材料的副本。 **实验中** □ 一旦实验开始,像参照“食谱”一样,完全按计划遵循你的研究方法。 □ 如果根据实际发生的情况必须要重新设计后期阶段的话,请先与你的导师讨论一下。重写你的方法部分,并在报告的讨论部分中进行论述。 □ 使用你设计的工具,做出准确的记录。 □ 在实验过程中认真储存记录。 **实验之后** □ 整理你的研究结果。 □ 选择一个能够将结果清晰地展示出来的格式,如图形、表格等。 □ 阐明研究假设是否得到支持。 □ 阐明有何意义。

第17章

观察

对于自然科学和社会科学来说，采用观察的研究方法是很常见的。

有助于……

- 深入分析成年人、儿童与动物的行为、事件或者现象等
- 对现实的或模拟的理论或者产品进行测试

优势

- 可以获得大量的数据
- 获得对于研究对象和环境的直接感知，以及多种变量之间的相互作用
- 在设计研究项目时，可以对没有考虑到的方面有更深刻的认识

缺点

- 耗时
- 难于找到有意愿的参与者
- 难以生成有用的信息
- 复杂的伦理问题
- 得到的结论有可能很主观，难以归纳总结

组织好你的观察

观察容易缺少一个明确的结构，所以在开始观察之前，要十分严格地选择参数。否则将很难选择相关的材料。要明确你的目标——你想要更清楚地了解哪个方面？你将选择哪种观察方式、多少参与者等来帮助你完成观察？

设定明确的参数

- 观察的数量
- 观察什么？多长时间？

重点

如果你的研究设计没有问题，你需要事先准确地决定观察的重点、记录的方

面，及需要忽视的方面。确保在你的观察中你可以控制需要记录的项目。如果你的研究方法论要求你在观察的过程中采用公开式观察，不能做任何记录，考虑好如何在观察之后补上记录。

记录观察

决定好你将如何在观察过程中记录信息，比如：

- 你会设计一份计数单吗？
- 你会临时记下笔记吗？
- 你会事后补上观察记录吗？
- 你会用电子设备做记录吗？

试行

在一个或多个实验中试行你的观察方法。在进行真正的观察之前，记下遇到的挑战和困难。

观察的种类

你所处的位置以及（或）你身为一个观察者的角色是否影响你所得到的结果，对于你的观察来说至关重要。这对于不同种类的道德及安全问题同样适用。

我的观察方法将会是：

☐ 在实验室条件下直接观察
☐ 在日常生活里直接观察
☐ 开放式参与式观察
☐ 非开放式参与式观察
☐ 规划性观察
☐ 非规划性观察

17.1 观察：直接观察或参与式观察

直接观察

在校园的专门实验室里观察

你可以通过双向玻璃镜或者摄像机，透过有色玻璃进行非干扰性的观察。它的优点是你的存在不会对参与者的行为产生直接影响。你也可以记录观察进程并可在日后回顾细节证实你的观察结果，或者测试观察精度。这对于观察的安全、准备和技术支持非常有益。它也为规划性或非规划性的观察提供了有用的设置。

而缺点则是使用资源的时间受限，技术上也容易出错。观察的设置即便易于操作，通常是比较机械化，至于会如何影响你的实验结果尚不明确。

你通常需要告知参与研究的成年人、父母以及年龄较大的儿童他们正在接受观察，而这可能会影响他们的行为和反应，尤其是短时间内。而年纪小的孩子一般不会注意到他们正在接受观察，但他们对不熟悉的环境更为敏感，所以得到的结果可能会与在日常生活中的表现所不同。

在日常生活中观察

在日常生活中对人们进行观察具有道德上的高度敏感性，而且某些观察是不适当的，特别是对于某一特定个体的反复观察。然而，有一些对群体行为的观察，则较少引发伦理争议。

比如说，对于人们如何利用码头、海滩或咖啡馆设施的观察，或者对于人们发现火车站的检票口开放或关闭时行为转变的观察。这些观察通常不会侵犯隐私或干扰当地的正常运作。

参与式观察

就像人种学的研究一样，在参与式观察里，你也是观察环境里的一员。这使得观察更容易获得广泛的观察基础和有关态度、行为、变化和事件的定性发现。

参与式观察有一系列类型，观察的深度依据类型的不同有所差异，例如当你在没有进行研究的情况下（例如在工作中、参与社区活动或休闲活动时）你会采取一种方式观察某一特定情境，而当你专门融入某一情境去做调研时观察的深度又会有所不同（Burgess, 1984）。

开放式观察

选择开放式观察，意味着你需要让人们知道你正在观察他们，确保参与者们的自愿和知情，这有助于避免潜在的伦理问题。当然，在知道了正在接受观察之后，参与者可能会改变自身的行为。此外，就算你在观察中不扮演一个积极的角色，你的个人特征，如年龄、性别、种族、甚至是肢体语言都会对参与者的行为和反应产生影响。

非开放式观察

在非开放式观察里，接受观察的人不知道你在观察他们。这对于获取参与者在观察过程中的“正常”反应有好处。然而，这需要非常严肃认真地考虑相关的伦理问题。在公开场合进行的非开放式观察对于短期的研究来说也许是可接受的，而对于学生研究项目来说，不建议采用非开放式观察。

17.2 规划性观察

规划性观察:流程

进行规划性观察时，你需要事先决定好要观察哪些方面，或者在观察中需要记录哪些现象。规划性观察往往不适用于涉及参与者的研究。

目的

明确你想通过观察了解什么以及原因。

重点

在观察中，请着重观察你要观察的特定行为。这可以是观察顾客如何对待店内的展出和试吃活动，观察老师表扬学生的原因和频率，或观察参与者在睡眠的前二十分钟内有何行为表现。

定义

观察中的挑战之一就是要去定义哪些被观察的行为是“有意义的”。比如说“表扬”，看起来似乎是一个很容易被观察的行为，但是它可以用很多不同的方式表现出来。为了实现你的研究目的，你需要去精确定义哪些行为可以被定义为“表扬”，是一个点头，还是一个微笑？或是某些特定词语的使用？如果一个人无意地重复着“很好很好”，这又算不算是一种“表扬”呢？被表扬者是否听到或者认同表扬重要吗？不同类型的“表扬”是否需要被分别记录？

反思:精确定义概念

- 在你的研究中是否出现了定义模糊的“灰色地带”？保留还是删掉？
- 为了你能够一致地对观察进行记录，你将如何决定哪些事情是“有意义的”，哪些“没有意义”？

可行性

思考你的目标是否是可行的。你是否能够亲眼见证到每一个事件的发生？你是否能在不错过其他事件的情况下记录眼前发生的事件？你可以一次性对多少个现象进行跟踪记录？

参与者

- 如何选择参与者？
- 是否需要一个特定的样本？
- 需要哪些权限？

测量

对于如何计量现象，要有一个现实的方法。是否可以通过：

- 频率统计：一个现象在观察过程中出现了多少次？
- 持续时间统计：它持续了多久？它在整个观察时间中的持续时间的比例是多少？

意义

你需要确定参与者的人数、观察的次数，以及观察所需要的时间从而收集精准充分的数据，得出有意义的结论。基于你的数据，你将采用业内认同的方法或更通俗地说，用“数量合理”的观察得出统计意义，从而确保对可辨认的动态和模式的识别。

17.3　记录规划性观察

决定好在观察中你将如何记录数据。在规划性观察里最典型的记录信息的方式是使用“计数单”。

设计计数单

在观察过程中，用计数单来追踪记录你选择的观察项目。这是一种效率很高的方法。

单面型：通常在纸质的计数单上效果最好。

非滚动型：当你用笔记本电脑或者平板电脑时，一个不需要滚动就能完成统计的计数单是再好不过的了。

项目数：决定好观察对象的可控数量，在观察时做好记录，这样可以让你不会分心。

追踪方法：决定一个最简单的方法去追踪你要记录的项目。比如事件每发生一次，就画上一笔，如果你有时间的话，可以用“五闸门法”做记录。

清晰地划分：将你的计数单或者屏幕划分为若干部分，每一部分记录一类的信息。以对你最直观的方式清晰地划分你的计数单（或屏幕）。

练习：反复练习使用计数单的方法，直至可以不假思索地记录为止。

例1：观察记录表

目标行为：麻雀站在鸟食台上并成功地从喂食器中得到食物。

每次观察时间：1小时

日期	开始时间	目标行为次数	总计
13.08.26	07.00	IIII IIII II	12
13.08.26	11.00	IIII	4
13.08.26	15.00	IIII I	6
13.08.26	19.00	IIII IIII II	13

例2: 观察记录表

日期	开始时间	擅自起立	当面拍手	敲打铅笔	来回摇摆
13.09.02	09.30—10.00	III	IIII IIII I	IIII I	IIII IIII
13.09.02	2.00—2.30	IIII	IIII III	II	IIII IIII
13.09.03	09.30—10.00		III	I	IIII
13.09.03	2.30—3.00	II	IIII IIII II	III	IIII IIII I

17.4 非规划性观察

非规划性观察:流程

这种方法通常适用于涉及参与者的研究，在学生研究中很流行。

非规划性观察一开始看起来好像很有吸引力，但也可能成为一个“损友”，特别是在当观察缺少重点研究便草草结束时。非规划性观察需要具备自律精神，特别是在分析结果和识别研究意义上。

选择观察环境

在可用时间内选择一个你对其中的复杂差异也能充分了解的环境。

确定你的角色

你会参与吗？如果是的话，是以何种方式参与？你将如何在“参与”和研究本身之间取得平衡？

客观性

当你在选择环境、角色和主题时，要注意你需要保持一个客观的角度。

证明你的选择

对于每一件事的发生，你不可能都能注意到或者记录下来。你难免需要去选择或是承认将会出现的记录空白期。仔细考虑在你进行观察的时候你将如何做出抉择。哪些行为的发生或者情况的出现需要被记录，而哪些可以被忽略？对此你将如何做出抉择？

比如，你在观察中会从始至终地持续观察一个或多个人（或动物）吗？你会提前选择好，等他们到了再说，或是在观察开始之时才决定？或者你会选择详细记录特定事件的发生情况和发生时间吗？

记录你的观察

决定好你将如何记录你的观察。例如：

- ☐ 你会详细记录一些事情的发生，之后再选择相关的方面进行分析吗？
- ☐ 你会在观察中选定特定的主题，并针对其认真做记录吗？
- ☐ 你会选择在观察时不做记录，而在事后立刻补上吗？
- ☐ 你会将整个观察过程录音吗？
- ☐ 你会综合上述的观察方法吗？

理解你的观察

对于非规划性观察来说，将观察的意义或者重要性找出来是非常重要的。这可能意味着你需要回到你先前的阅读和学习中去，或者需要获得进一步的知识储备，才可以确保你对学科背景内的观察的理解。对于一些科目来说，你可能会受邀参加研讨会与同学一起讨论你的观察结果。

通常这意味着你可能要把你的观察结果与下列内容联系起来：

- 理论和先前的研究
- 你的研究引发的总结或建议

17.5 记录非规划性观察

接下来的部分展示了两个学生在运用非规划性观察的研究方法时采取哪些步骤做记录和对观察进行理解。

观察笔记和分析 1

马西娅是一名社会工作专业大三的学生，它开展了一项针对儿童亲社会行为发展的研究。她采用的是“儿童观察法”，其中包括在至少几个月时间内每周都对同一个儿童进行一个小时的访问。这个方法鼓励学生在观察时不做笔记，认真观察，而不是去与儿童互动。

观察之前

“在去往Billy的托儿所的路上，我会试着去集中注意力和理清思维。我知道，在那一小时里，我应该努力地去集中精神，不能被别的事情分心。我在心里排练着，当Billy试图来和我互动的时候我该如何回应——我发现，想不和他一起玩很困难。但在我开始观察之前，我确定托儿所的工作人员明白我在做什么以及我这么做的原因。而现在当我再去访问的时候，他们已经不会再来和我闲聊打扰我了。”

观察之中

“在那一个小时里，我坐在房间角落的椅子上，静静地观察着Billy的所有行为。当我在房间里的时候，我不会做记录，我只是在心里默记着Billy所说的和所做的一切。如果有别的孩子试图和我说话的话，我只会用微笑回应，但不会和他搭话。”

观察之后

“在我离开托儿所之后，我需要迅速地找到一个安静的地方坐下来开始写我的笔记。因此我去了附近的一家小咖啡馆。我记下了我能记下的观察到的一切，在刚开始的时候我记不住多少，但现在，在每一次观察之后我已经能记满三页了。”

观察记录的例子

“Billy看见Abbie捡起消防车，便朝着她大喊了一声：‘我的！’，Abbie皱着眉走开了，而Billy转向她，试图把玩具从她手里抢回来，并低声地哭了出来。在他这么做的时候，托儿所的保育员朱莉的声音穿过房间，向他喊道：‘乖点！Billy！要分享！’，而Billy似乎对此已经完全无视了。

他继续试图从Abbie的手里抢回玩具，在大约两分钟以后，朱莉走了过来，把他俩分开，并说：‘你再这样，我就把你关小黑屋了啊！’。

Billy趴在地上开始哭，脚踝拍打着地面，脸也红了。大约半分钟之后，他停下来开始看周围有没有人在注意他。

他看了我五秒钟，之后又把头扭回去开始哭叫。而在此时，另一个孩子Xander，拿着一张照片来给我看。Billy把手从地板上抬起来，看着我和Xander，大喊了一声‘我的！’”

理解你的观察

“我每周参加一个九人的小组研讨会，轮流讨论我们的记录。这的确在形成观察主题的方面对我有很大的帮助，比如儿童对于所属物的概念和分享行为的发展。这也帮助了我如何将我观察到的行为和儿童发展的理论联系起来。我开始意识到Billy正处于一个他认为一切东西和人都是属于他的发育阶段，他并不清楚‘分享’的概念。”

观察记录与分析 2

杰克是城市规划学硕士，他的研究方向是分析城市公共区域的使用。他已经开始了非规划性观察，收集当前的城市公共区域如何被使用的相关数据。

观察之前

“许多人知道如何利用公共区域——与人见面、吃午饭等等。对于我的观察来说，更重要的是去观察实实在在地发生着的事情，而不是去证实所期待看到的。在我的观察开始之前，我倾向于花上几分钟，坐在我要观察的地方，安安静静地理解这一切。”

观察之中

“我在一天之内，到各个观察点至少三次，并且观察半个小时以上。我会去找一条长椅，或者一个可以囊括整个观察区域的好视角，记下来在那三十分钟内发生的所有事情。我在我的平板电脑上记下发生着的不同事情，试着仅仅去‘描述’所发生的一切，而不是去‘解释’我认为发生了什么。我只记录来到这里超过两分钟以上的人们，那些仅仅路过此地的人则被我忽略。 而这偶尔也会充满挑战性——特别是当有人问我在干什么时。他们往往对我的研究很感兴趣，可是这也意味着大量观察时间的浪费。”

观察之后

“回家之后，我把观察记录全部保存进我的电脑中，每个地点的记录都保存在不同的文件夹里。在我结束所有观察之前，我试图不去分析观察数据和得出结论，我发现这对我以开放的态度来进行下一个地点的观察有很大影响。”

观察记录的例子

10:31 有6个人在Jubilee广场：母亲带着小孩在草坪上玩接球游戏。年轻女人拿着智能手机坐在长椅上打字。三个穿着休闲装的男人站在喷泉旁边说笑。

10:33 穿西装的男人来到长椅上的女人的旁边，拿出平板电脑，将它高高举起。他这是在找信号吗？看起来很烦躁。

10:35 男人和女人离开了广场。

10:37 一个青年加入了喷泉旁的那一群人，随后他们离开了广场。

10:40 一个老妇人来到广场，坐在长椅上，从她的包里拿出了一本书开始读。

理解你的观察

“在我完成对一个地方的观察之后，我会检查一遍笔记，并为其拟定观察主题和观察动态。有时候一些事情让我很吃惊，比如人们经常在公共区域进行商务会面，以及一些地方的网络信号似乎已经烂到了让人抓狂的程度。我完全没想到，预想中一些应该被用作休闲活动，例如阅读和进食的地方，竟然也是潜在的工作场所。

有时候，我会通过Facebook将我的观察分享给和我上同一门课的同学。他们的一些评论在很大程度上帮助了我进行不同角度的思考，或者指导了我去进行一些有益的阅读。”

17.6 评估你的观察方法

如果你已经完全解决了以下任何一项内容，请核对并打☑。请将不适用的选项划去。处理好需要进一步关注的方面。

观察之前	观察之中
□ 确定你所要观察的行为或现象。	□ 确保你所在的地方有一个很好的观察视野。
□ 确定你将如何选择你的观察参与者/样本。	□ 计划好你将如何在观察中面对干扰时保持注意力集中。
□ 确定是直接观察还是参与式观察适合你的研究。	□ 确保你可以记录所有观察的行为或现象。
□ 确定是规划性观察还是非规划性观察适合你的研究。	□ 确保每个观察记录的连续性。
□ 确定最适合你的观察的记录方法(例如间隔记录法)。	**观察之后**
□ 确定进行观察的地点。	□ 如果你不是在观察过程中做的记录，确定好之后做记录的时间和地点。
□ 确定观察的次数。	□ 如果你是在观察过程中做的记录，确定你将如何理解你的记录(例如确定观察主题)。
□ 确定每次观察所需的时间。	□ 从你的观察数据中确定观察主题和观察动态。
□ 对于规划性观察来说，设计和试用一份记录表。	□ 确定在讨论和理解观察时，你将如何与同学和导师合作。
□ 对于非规划性观察来说，确定是在观察时还是观察之后进行记录。	
□ 确定你是否要征得观察对象的同意。	
□ 确保你已经充分考虑到你的观察中潜在的道德问题，以及它们是否在你的学科道德指导范围内。	
□ 确定你将在观察中扮演何种角色，以及你是否会与你的观察对象互动。	

第18章

调查和问卷

问卷和调查是收集研究证据的常用方法，特别是在学生任务中。

有助于……

- 获得各种观点、态度、偏好、评价和理解
- 收集可以进行系统性整理的定量数据，包括以电子的方式整理的数据
- 收集定性数据，包括开放式的回答
- 收集定量和定性相结合的数据

优点

- 你可以快速地收集和整理大量的数据，特别是如果你使用一些专门设计的工具的话。
- 如果问题设计得非常好，调查或问卷会很容易进行。
- 非常灵活：调查和问卷的长度不限，可以涉及各种话题的不同类型的问题，能够采用各种不同的方法收集回答。
- 你可以选择新的参与者或研究目标群体来复制先前的研究，看看结果是否成立。

Nariko 只剩下几个问题了……

缺点

- 回答的水平可能会很低。
- 参与者可能会误读或误解一些问题。
- 参与者可能会误解等级量表或回答的方法。
- 参与者往往会提供一些他们认为研究者希望获得的答案。
- 问题设计得太简单有时会导致不相关的数据。
- 问题或等级量表的设计不当会加剧这些问题，并产生不可靠的结果。

18.1 筹划合理的数据

可靠性和有效性

设计好你的问卷，明确表述问题，使其能够最大限度地获得明确的、无疑的、准确的数据，并且这些数据能够测量你要测量的内容。这意味着要注意一些基本因素，如参与者：

- 要理解问题
- 要明白如何回答
- 要理解回答选项
- 要了解所使用的等级量表
- 猜不出你所倾向的回答
- 不能看到对某种特定答案有引导性的提问
- 能够并且可以轻松地提供真实的回答
- 通过你提供的选项可以提供准确的回答

提供充足的选项

对于参与者来说，如果没有提供他们想要选择的选项，那是很令人恼火的。特别考虑你的参与者是否需要以下选项：

- “不知道”
- “没有偏好”
- “以上全部”
- “不适用”
- “其他”（请注明）
- 选择多个回答

为获得合理的数据所做的核查

为了获得合理的数据，请从以下各方面仔细考虑你的调查或问卷。

理解力

□ 确保指令清楚简练。

□ 以一定的逻辑顺序呈现问题。

□ 使用可以让参与者理解的简单措辞和语言。

☐ 检查是否有模棱两可的措辞：这个问题是否可能存在不同的解释？

☐ 解释所有不常见的术语；旨在避免专业术语和行话。

反应的一致性

☐ 在同样的问题上设置几个不同措辞的问题来检查参与者的反应是否一致。

反应的从容性和准确性

☐ 避免一些可能令受访者感到尴尬或心烦的私人问题。

☐ 确保每一项都是一个单独问题。(避免把两个问题并入一项)。

☐ 如果适合方法论的话，使用封闭式问题，这样的问题只需回答“是/否”，易于记录和统计。

☐ 参与者有时可能只同意问题或陈述的一部分，因此“这家酒店既暖和又舒适”可以被分为两句“这家酒店很暖和”和“这家酒店很舒适”。

中立性

☐ 为参与者所提供的信息不能有指向任何答案的暗示。

☐ 参与者将无法从问题的表述上猜测到研究者的立场。

☐ 问题/陈述和回答都要谨慎措辞，以避免其带来的偏向。

☐ 确保没有“引导性提问”(提示特定答案)。

18.2 管理过程

运用良好的科研原则

- 要清楚哪些方法适合你的研究。选择设计和实施问卷的方法，并要与你的研究方法论相一致。
- 选择有代表性的样本，并符合研究摘要。
- 如果合适的话，使用受控条件，这样你就可以确切地知道问卷如何实施及谁回答了它们。

考虑参与者

在收集这类数据时，你要高度依赖你的参与者。你必须设计你的研究，注意问题的措辞，管理流程，这样你才能让参与者最大限度地：

- 参与其中
- 完成所有的问题
- 提供可靠的回答

在过程的每个阶段中都要详细地考虑预期参与者的特点，以及他们可能如何理解这样的方法、指令和问题。

关于以下内容,要提供准确的信息

- 问卷的目的
- 完成问卷需要多长时间
- 总共有多少个问题

关于以下内容,要提供明确的说明

- 如何使用问卷或调查
- 如何使用所提供的等级量表
- 如何操控和提交电子调查

考虑参与者

请核实你是否对以下方面做了全面思考，针对问题思考如何解决。

☐ 你想要谁来完成你的问卷?(你会把谁作为目标?)

☐ 你会在哪里找到这样的参与者?

☐ 参与者会认为哪种问卷令人厌恶（并且不完整)?

☐ 什么会鼓励他们参与?

☐ 在失去耐心之前，他们可能花费多长时间来回答问题?

☐ 在那段时间内他们实际上能回答多少问题?

☐ 即使问题很短，他们 ·共愿意回答多少问题?

☐ 他们认为使用哪种等级量表最容易?

实施问卷/调查

为了获得最好的结果，想想你的问卷是否将是:

☐ 纸质的，由参与者完成

☐ 纸质的，由访谈者完成

☐ 电话的，由访谈者完成

☐ 电子方式或在线方式完成

☐ 对一屋子的参与者提问，然后进行手持投票

面对面的调查……

- 使整个过程轻松快速。
- 介绍自己，提供一个简短的附有背景信息和你所在机构联系方式的宣传单。
- 避免提供冗长的背景信息——参与者通常并不想听或读这些内容。
- 问封闭式的问题或一些能给出简短回答的问题，这样比较容易记录。
- 设置尽可能少的问题以便获得你所需要的信息。
- 假设人们都想快点做完离开，他们可能回答不超过3~5个简短的问题。
- 使用专业的方法。

18.3 引发反应的方法

反应类型

对于封闭式问题

参与者最有可能回应，如果他们可以给出剪短的回答,，例如：

- 选择“是”或“否”
- 从多达5个的选项中选择答案
- 使用清晰的等级

对于开放性问题

许多问卷包含开放性问题，让参与者提供更长的回答。然而，这些问题需要参与者花费更多的时间和精力，所以可能不会收到很多回应。如果你确定要使用开放性问题，只让一小部分参与者提供意见即可。

从反应选项中进行选择

参与者往往比较喜欢简单易于操作的问卷或调查设计。要弄清楚问卷中是否包含多个选项。

> **例如：从选项中进行选择**
>
> 今天你接受了什么服务？对于下面每个问题，请选择一个最适合的答案：
>
> **你需要等待多久才能得到服务？**
>
> □ (a) 不超过10分钟。
>
> □ (b) 10~30分钟。
>
> □ (c) 超过30分钟。
>
> □ (d) 不清楚。

使用等级量表

参与者往往会对问题很好地回应，如果等级量表：

- 易于操作，并且使用起来很直观
- 使用的方法一致

例如，如果一个高等级在第一个问题中表示最积极的回答，那么在整个调查中就继续使用高等级来表示积极回答。

> **例如：使用利克特量表**
>
> 为你今天所接受的服务由1到5评定等级（1=优秀；5=差）。在最适合的等级上画圈。

例如,工作人员的可用性	1	2	3	④	5
你所受到的欢迎程度	1	2	3	4	5
你得到服务的快速程度	1	2	3	4	5
工作人员的专业态度	1	2	3	4	5
性价比	1	2	3	4	5

同意/不同意

收集数据的一个途径是给参与者提供列表，要求他们针对问题表示认同。这样的设计易于参与者进行回答。

例如:同意/不同意

对于以下各个陈述，选择一个最符合你的经历的答案。

我今天在这里接受了很专业的服务。

□ 非常同意

□ 同意

□ 既不同意也不反对

□ 不同意

□ 非常不同意

我的问卷/调查将使用:

□ 是/否选项

□ 从一小列选项中选择回答

□ 一个数值等级

□ 一个口头等级量表（例如，好/不错/不好）

□ 开放性问题，鼓励参与者提供意见

□ 其他类型的问题

18.4 进行电子调查

电子工具

电子调查或电子问卷是值得考虑的一种方法。这带来的优势有:

- 固有的设计特点和指导
- 分发简单快速
- 当设计你自己的问卷时，使用很直观
- 调查的专业形象
- 整理反应时轻松高效
- 展示数据时轻松高效

调查猴子

- 一个在线调查服务发生器，易于建立基础调查
- 免费进行10个或更少问题的调查
- 易于参与者在线访问并完成
- 自动记录反应并提供其概述

布里斯托尔在线调查(BOS)

一个在线调查服务发生器，易于建立基础的和更高级的调查。

- 需要订购使用。然而，大多数英国教育机构进行了订购，它们的学生也在特许范围内
- 易于参与者通过互联网链接访问并在线完成
- 自动记录反应并提供其概述和详细分析

通过Facebook进行调查

如果为你的研究创建一个Facebook页面，你可以通过两个主要方式来收集信息。

(1) 你可以在你的页面上发布一个一般性的问题，并允许人们提出意见和评论。这为你提供了来自于自我选择样本的定性数据。

(2) 你也可以使用一些固有的“问题”选项。然而，这只会发送给你的Facebook页面的粉丝。这需要你预先选择潜在的受访者，并让他们成为你的页面的粉丝。

Facebook也是进行在线调查的一个好方法。在你的页面上发布一个调查链接。

与参与者沟通

如果你要使用这些电子工具，提前联系你的收信人，告诉他们你的研究并询问他们是否愿意参加。没有事前通知就发送邮件，收件人可能会不重视。或者，发送一份有关调查或问卷的附件或邮件。

- 介绍你自己。
- 邀请人们参加。
- 解释调查原因。
- 准确说明调查或问卷所要花费的时间。
- 明确说明提交的最终日期。
- 阐明如何处理问卷或调查结果。
- 提供你所在机构的联系方式。

先进行试验

在其他人身上测试你的问题，看看它们是否会被误解为其他意思。一般来说，你应该选择至少10%的预期参与者来进行试验。

18.5 评价你的问卷

如果你已经完全解决了以下各项内容，请核对并打☑。请将不适用的选项划去，并处理需要进一步关注的方面。

我的问卷……

……会激励参与者参与吗？	……会产生我需要的材料吗？	……对于参与者来说是否明白易懂？
□ 问卷看起来很专业。 □ 问卷看起来不具有威胁性。 □ 问卷看起来很值得做。 □ 问卷看起来很容易完成。 □ 问卷看起来很容易操作。 □ 问卷看起来不是很长。 □ 问卷陈述很清楚。 **……能被快速完成吗？** □ 问题的总数不会让预期参与者感到抓狂。 □ 每一个问题都是必要的。 □ 每一个问题都可以快速回答。 □ 明确说明了完成问卷所需的时间。 □ 所需的时间表是准确的。	□ 我很清楚我需要什么样的样本。 □ 我将能够找到这样的样本。 □ 需要时，我使用封闭式的问题来得出精确的回答。 □ 需要的话，我使用开放式的问题来获取定性数据。 □ 我提供了足够的选项，使人们能够做出准确的回应。 □ 为了明确答案，我提供了所需的后续问题。 □ 我避免了引导性问题。 □ 我设置问卷的方式可以提醒或鼓励参与者来回答他们所遗漏的问题。 □ 需要的话，我可以互相参照各个答案。	□ 简单说明了目的。 □ 指令简洁。 □ 指令清楚。 □ 提供了很好的示例。 □ 提供了实践范例。 □ 等级量表使用一致。 □ 如果参与者希望的话，可以回到先前的回答并更改答案。 □ 如果是在线问卷的话，如何提交调查很明确。 **……容易回答吗？** □ 问题相当短。 □ 问题措辞谨慎，以避免产生歧义。 □ 每一项都只包含一个问题。 □ 对于封闭式问题，提供了一系列的答案选项。 **……对我来说易于管理吗？** □ 对我来说，在现场（如果相关的话）记录参与者的反应很容易。 □ 对我来说，整理答案很容易。 □ 展示结果很容易。 □ 我已经解决了所有试行中出现的问题。

第19章

访谈

访谈经常被应用在各种学科中，从医疗保健、社会科学到商业、媒体、艺术、通信以及人文学科的研究，如口述历史。访谈可能被用作是收集数据的唯一方法或与其他方法一起使用。

有益于……

- 获得丰富的有关个人经验、态度或观点的定性信息
- 能够立即对回答进行跟进确认并获得进一步的细节
- 增进与受访者的合作关系，这会使他们在与你谈话时感到更舒服，并提供你所需的材料。

优点

- 访谈可以灵活地与其他方法相结合使用，以获得不同类型的信息。
- 你有更多的机会来设置议程和谈话方向，以获得你所需要的材料（例如与观察法相比）。
- 如果你没有得到所需要的材料，你可以再次询问。
- 你可以有效地结合封闭式问题和开放性问题。
- 你可以试探受访者是否理解要求他们所做的事情。
- 如果你擅长做访谈，你可以获得其他方法难以获得的见解。

缺点

- 耗费时间。
- 很少可以进行。
- 结果不能公开归纳概括。
- 很难找到有意愿的且合适的参与者。
- 很大程度上取决于受访者如何应对访问者。
- 除了最结构化的访谈，其他的访谈会产生大量的材料，其中大部分可能是无关紧要的。
- 对数据的解释可能是非常主观的。

对访谈的规划

由于访谈是耗时的，所以要花大力气来规划、实施、整理或筛选，以及解释说明。这包括要认真规划：

- 如何选择受访者，以确保他们可以加入，理解整个过程，并提供相关的材料
- 如何管理访谈过程，这样就不会浪费受访者的时间。
- 如何进行访谈以及如何使用设备，这样就不会浪费你自己的时间。

一致性

如果你要访谈的对象不止一个人，那么要在近乎相同的条件下进行访谈，以确保一致性。

- 在访谈之前，设计你的问题以及可能的提示。
- 提前练习，这样你可以注意问题的措辞并记录反应。
- 像练习时那样进行访谈，这样你能够以相同的方式对每一个人进行访谈。

19.1 访谈:结构化?

结构和前期规划

你可以选择你想要如何来组织访谈，是高度结构化的、完全非结构化的、部分结构化的，还是这些结构形式的组合。“正确的”方式取决于你的研究理念和你所需的材料类型。

高度结构化访谈

- 这样的访谈都基于封闭式的问题和有限的反应选择。
- 访谈者可以容易地圈出、标注或记下回应。
- 问题都是预先设计的。
- 这样的访谈对每个参与者来说往往是一次性的，并且相对较短。

优点

- 更能控制时间。
- 可以保证覆盖所有的材料。
- 可以进行更多的此类访谈，所以可能会获得可以归纳总结的结果。

缺点

- 受访者可能会感到非常“常规”。
- 参与者可能更专注于提供答案，而不关注其答案的质量。

非结构化访谈

在另一个极端，你可能想要从与受访者建立的长期密切关系中获得各种更丰富的数据，这样可以允许出现不同的主题。你可以继续使用这种方法，随着时间的推移确定方向然后跟进有用的主题和/或填补材料中的空白。

优点

- 你可以充分理解一些个案。

缺点

- 你可以进行的此类访谈更少。
- 没有任何方向或结构的话，你可能不会获得太多你所需的材料。
- 很难维持受访者的兴趣和同意。
- 如果受访者决定停止访谈，请新的受访者完成这个访谈会花费很长时间。

综合法

把以上两种方法结合在一起将会非常有帮助，这样你一方面能够获得多个访谈的信息来进行对比，另一方面有能获得从非结构化方法中出现的更丰富的信息。

访谈越结构化，受访者越不愿意主动或自愿提供有用信息。

半结构化访谈

对于访谈时间有限的研究，采取完全开放式的非结构化方法通常是不可行的。为了获得你所需要的材料，请考虑：

- 围绕一系列主题组织访谈，这样可以鼓励受访者回到这些主题上
- 在这些主题中设置开放式问题
- 设置一些封闭性问题来获取你所需的特定细节，如果这些细节不能通过其他方式来获得的话

19.2 访谈:提问技巧

为访谈做准备

充分的准备会帮助你很好地控制访谈；在遵守时间的同时，提高你获得所需材料的可能性。

- 确保你已获得所有的同意书。
- 提前准备并试验所有事情，将伦理问题纳入考虑范围内。
- 考虑你将留下什么样的第一印象。
- 清楚地介绍你自己，确保受访者知道这是一个学生研究项目。
- 即使以前解释过，也要帮助受访者了解整个过程。
- 关于保密性，请受访者放心。

- 如果你要使用设备，要说明设置设备会花费多长时间。
- 决定你要如何结束访谈。

基本规则和范围

你和受访者之间保持安全距离，既显得友好，又很专业。

- 设定适当的基调——礼貌但不过分友好。
- 避免共享任何个人信息（这可能会影响你所收到的回应）。
- 清楚地解释整个过程，然后坚持下去。
- 不要接受超过基本好客之道的礼物，因为这样会被误解。
- 详细说明你对访谈空间或隐私的要求。商议有无其他选择。如果存在任何风险，请不要再继续下去。

实施访谈

- 自信，有礼貌并友好。
- 坐在与受访者合适的角度上。
- 清楚访谈何时开始。
- 保持目光接触；提问之间，保持微笑让人安心。
- 了解你的问题：提问时轻松自然，不要让人感到照本宣科。
- 保持简短：不要催促他人赶时间。
- 感谢大家的参与。

对于结构化访谈

像进行面对面调查那样设计问题。

由于访谈通常需要更长的时间，你也可以：

- 把问题按照逻辑分成几部分
- 在各部分之间进行停顿，例如通过介绍下一批问题，把时间分成几部分。
- 提问时保持不急不缓：避免问得太快或太多，令受访者应接不暇。

对于非结构化访谈

开放式问题：一些精心设计的访谈问题可以产生大量丰富的材料。避免那些只能回答“是/否”或几个字的答案的问题。

使用提示和非言语暗示：流露出你的兴趣，身体前倾并问一些后续问题来鼓励受访者敞开心扉畅谈。请受访者从不同的角度考虑问题。例如，“参加了这个事件/治疗你高兴吗？”“你有没有后悔参加了这件事？有没有不利的方面？”

避免引导性问题/提示（这会引导受访者给出一个特定答案）：“参与这件事一定是很棒的吧？”“你喜欢它吗？”“我猜你对结果很满意吧？”“那肯定是令人讨厌的吧？”

准备提示使访谈不偏离中心，来促使受访者返回到要点上：

- 关于……，你早前提出了一个有趣的观点。
- 这真的很有帮助。谢谢你。我还想问问你……

19.3 面对面访谈和有距离的访谈

面对面访谈

优点

- 可以更容易地建立融洽的关系
- 允许你使用非言语提示来引发进一步的反应
- 能让你看到非言语交流

需要规划的典型问题

□ 很多参与者发现面对面访谈要比电话访谈的要求更高，特别是如果访谈的话题很敏感。

□ 参与者可以看到并通过你的着装、姿势和所选择的地点来做判断，这都可能会对你所收到的反应产生影响。

□ 你需要确保你的面部表情和肢体语言完全不会泄露你在这些问题上的立场。参与者在讲话时，你可能会点头以使他们安心，但是他们可能会把这理解为你喜欢一个特定反应的信号。

Nareen 误以为她的访谈技巧不会泄露她在这件事上的看法，然而，事实并非如此

电话访谈

- 电话访谈相对容易安排。
- 节省旅行时间。

• 由于看不到受访者，他们可以相对轻松一些，记下问题和提示、做记录、做鬼脸、喝咖啡或做任何他们喜欢的事。

需要规划的典型问题

☐ 一些受访者不喜欢他们看不到访谈者。

☐ 虽然有记录电话访谈的方法，但是这安排起来可能很复杂。

☐ 作为一名访谈者，你不会知道还有谁在接听或提供答案，这可能会使一些反应无效。

☐ 受访者可以在任何时候结束通话。

通过网络摄像头/视频连接

当受访者有一定距离，时间有限或出行困难时，这些都是进行访谈的有效途径。如果受访者对这些媒体如网络电话、网络摄像头或视频会议的使用非常熟悉时，这些方法最有效。

需要规划的典型问题

☐ 受访者可能会觉得使用屏幕或摄像头异常困难或拒绝在当天这么做。

☐ 受访者可能在计划的时间内没有合适的设备或连接。

☐ 你可能在当天不能建立或维持良好的联络。

☐ 受访者可能在一个联络易于中断的地方。

☐ 与面对面访谈一样，你的着装、肢体语言和环境都可以被观察到，并可能会对你所收到的反应产生影响。

19.4 访谈:记录信息

你的访谈记录将形成你的报告所要分析的原始材料。做这样的记录有多种方法，每一种都有利有弊。你需要平衡研究的需要，同时考虑受访者的偏好。

填表

- 适用于高度结构化访谈
- 最适合简短的采访，因为对受访者来说这可能会很乏味
- 对你来说完成起来快速便捷（在复选框中勾选，简答，在答案上画圈）
- 易于整理、展示和分析
- 允许简单地比较访谈

注意事项

然而，这对受访者来说可能会感觉非常机械或“冰冷”，所以与他们建立良好的关系将会对访谈有帮助。使用解释说明、肢体语言、眼神交流和非言语交流表明你对受访者及他们的观点感兴趣，但又不能表明你是同意或不同意。

做笔记

- 在做笔记时，你已经开始提炼信息了，这对你之后的整理和分析都非常有用。
- 你可以训练自己做笔记的同时保持良好的眼神交流。

注意事项

- 你将如何在做笔记的同时保持眼神交流，又不中断流程或让受访者等待？
- 一些受访者会因为访谈者做笔记而感到有距离感。
- 你将如何记录非言语交流（如果有的话）？

音频

- 可以让你自由地关注于受访者并保持眼神交流
- 可以提供比笔记更全面的记录，并适当地补充笔记的内容
- 可以提供有用的材料以供引用

视听记录

- 可以让你自由地关注于受访者
- 提供一个完整的、永久的记录
- 捕获非言语交流
- 可以更容易地转录音频
- 翻转摄像机便宜又好用

使用音频和视听记录的注意事项

- 在访谈使用设备之前，要能够熟练地使用设备。
- 许多人可能不愿被记录，特别是在当天。
- 受访者可能会审查他们的反应。
- 可能会花费很长时间来分析材料。

记录网络电话的访谈

提前获得受访者签署的同意书。网络电话中没有设备直接记录访谈。你可以购买应用程序来记录访谈：

音频记录：SkyRecorder; QuickVoice

视听：Pamela （对于15分钟之内的访谈免费）；Evae

决定

决定你将如何记录自己的观察：

☐ 在纸上做笔记

□ 使用便携式设备 □ 只作为音频记录 □ 作为视听记录 □ 其他

19.5 访谈

如果你已经完全解决了下列每一项内容，请核对并打☑。请将不适用的选项划去。处理需要进一步关注的方面。

访谈之前	访谈当天
□ 决定一个访谈方法。 □ 安排视听设备。 □ 有需要的话，安排场地。 □ 决定选择受访者的标准。 □ 为受访者准备好对研究的解释说明。 □ 考虑潜在受访者可能给出的问题答案。 □ 为受访者准备同意书材料。 □ 找到合适的受访者。 □ 联系合适的受访者并讨论访谈过程；解决问题。 □ 如果使用设备的话，核实潜在受访者能够自在地使用这些设备。 □ 选择潜在的受访者和合适的候补人员，以防万一。 □ 获得适当数量相关受访者的同意或许可。 □ 仔细地保存这些同意书。 □ 为双方安排合适的时间和地点。 □ 提供见面地点的地图/方向。 □ 提供细节的书面提醒，特别是日期、时间和地点。 □ 如果访谈有一定的距离，例如通过网络电话，确保受访者有正确的连接和设备。 □ 关于如何使用设备，提供简单的用法说明。 □ 假定受访者可能希望提前结束采访——制订相应的计划。	关于处理以下几点，提前规划你的策略。 □ 提供资料证明自己的身份。 □ 联系受访者，以确保他们正在等着你/没有忘记访谈、时间或地点。 □ 如果受访者比较焦虑，先让他们安下心来。提供一个关于该研究的简要提示和/或目前为止进行到哪里的提示。 □ 先从热身问题开始，热身问题要设计得容易有趣。 □ 尽早转移到最重要的问题上，这样你不会浪费时间。 □ 不要太早引入一些微妙的或有争议的问题。 **访谈之后** □ 在忘记之前，记下你的即时想法和观察。 □ 认真地标注并存储笔记/录音。 □ 在你对访谈还记忆犹新时，整理访谈细节，这有助于你理解没听清楚或没读懂的部分。 □ 如果相关的话，将所记录的访谈或选定部分转写成文字。 □ 决定是否转写停顿和非言语交流的部分以及如何保持一致。

第20章

个案研究

个案研究是对一个实体或现象的深入研究。它可以关注几乎所有事物，如艺术组织、事件、个人、企业、项目、话语、文本或地区。个案研究可以利用任何一种方法或结合多种方法。

个案研究的特点

- 虽然可以基于模型或模拟，但往往来自现实生活。
- 虽然可以设计生成可测量的数据，但通常产生丰富的数据以供定性分析。
- 其研究可以参照现有的研究和相关理论。
- 涉及详细的批判性分析——并不仅仅是描述观察或总结访谈。
- 就一个现象的某些方面可以提供丰富的洞察力，显示出在日常生活中可能不那么明显的细节或问题。
- 常常会产生建议，如对一个企业或组织。

有助于……

- 为今后的比较建立一个基准线。
- 了解多个变量的复杂相互作用。
- 满足一个组织的特殊需要。
- 研究具有独特方面的现象或实例。

个案研究的优势

- 应用到现实生活中，有价值。
- 允许你调查多个变量的复杂相互关系。
- 个案研究可以对一些意想不到的复杂系统或问题深入了解。
- 可以比在受控条件下如实验出现更多不同的结果。
- 能够使你对细节展开调查，阐明某事物实际的运动原理。
- 详细的个案研究可以从不同的角度阐明理论或实践，有助于推进理论框架。
- 可以为现有的理论或工作实践指示方向，通过调整以满足特殊情况的需要。
- 可以调整个案研究的比例以适合学生项目的规模。

- 可以选出工作场所中的好的和坏的实践范例。

劣势和风险

- 由于这些都是对个别实例的研究，可能不具有普遍代表性，并有可能会产生误导。
- 研究结果可能与任何其他情景不相关。
- 从一个单一的例子或小样本中进行概括是有风险的。
- 任何个案研究都是耗时的，所以只有少数才可以进行，这会限制该方法的可行性。
- 可能会产生大量难以管理的信息。
- 从昙花一现的事物或个人轶事中甄别意义很难。
- 个人判断具有主观性并易受到质疑。

20.1 个案研究的研究策略

个案研究的研究策略，在许多方面，与任何其他研究项目具有共性，但不同的是你是在着眼于一个“特殊”研究。这可能会引发方法论上的挑战，因为类似于你自己的个案可能有很少的发表材料。

你的研究策略

根据话题的不同，你的策略在一定程度上也会有所不同。通常情况下，你将需要包括以下阶段。

1. 围绕主题进行阅读（第9章，“文献检索和综述”）
2. 决定你的目的
3. 选择你的个案研究
4. 调查该个案的背景情况
5. 决定你的方法论
6. 设置参数
7. 决定你的材料来源
8. 决定你的方法
9. 收集你的数据/信息
10. 证实“证据”
11. 分析你的研究发现
12. 把你的发现放到有关背景中研究

1. 围绕主题进行阅读

对于任何长期任务，你开始时都是通过研究你的领域，先扩展然后再缩小到一个特定的主题上来。对于个案研究，你需要平衡与你的话题相关的一般研究和与该个案研究更相关的背景阅读。关于一般的背景研究和个案研究，没有严格的区别，不易分辨。

2.决定你的目的

与其他类型的研究一样，你需要阐明你的研究目的。你究竟想要通过个案研究发现什么？

- 你的目的是想利用个案研究来探讨一个预选的问题？或是利用个案研究来看看会出现什么样的问题？
- 你是在研究特定的个人、事件或情境，以便了解其独特之处，或是将其作为一般“类型”中的个例来调查？

3.选择你的个案研究

对学生研究来说可能的途径

- 帮助一个组织来调查一个特定的问题，并得出一个解决方案或建议
- 了解一个个人、社区或组织的生活经验，例如他们在特殊条件下对问题的看法，对科技的使用，对变化的反应，等等。
- 调查你的课程中包含的一个理论是否适用于一个特定的实例，例如适用于一个当地社区、企业、学校或实地考察过的一个地理位置。

包含多少个案研究

由于个案研究进行起来耗费时间，所以研究往往只关注于一个例子，或用极少数个案来进行比较。适当的数量取决于任务的规模和与之平衡的每个个案研究中细致调查的数量。你可以选择进行一个集中的个案研究或比较两个或多个规模比较小的个案研究。

你可以包含大量规模比较小的个案研究来例证不同的方法、反应、解决方案或影响。在这些个案中，你需要仔细选择个案研究以说明不同的观点，同时还能使不同观点连贯统一形成一个整体观点。

4.调查背景情况

在开始调查个案之前，收集尽可能多的相关信息。了解该组织的历史或个人或问题的背景资料，直到你彻底了解这个案例。这将意味着你可以更容易地了解研究过程中出现的关于案例的新信息。这也可能意味着如果合适的话，你可以迅速采取行动来重新调整项目的方向或个人访谈，以达到研究的主要目的。

5.决定你的方法论

决定你想在自己的研究中使用哪些方法论或哲学方法（第11章）。这将如何影响你能够收集的信息类型？你的研究问题是否适合这种方法以及可能产生的证据基

础是否可以使用这种方法？

决定你是否打算：

- 限制自己的干预，这样才能看到使用开放式的方法会出现什么？如果是这样的话，那么选择一个范围较小的项目。
- 或密切控制你将收集的数据类型，以便收集特定类型的信息或回答所规定的问题？如果是这样的话，提前准备措辞严谨的问题并试用这些问题来测试出你可能会产生什么样的信息。

6.设置参数

个案研究很少有预先设定的界限，即使可能看起来是有的。它们特别容易发生“蔓延”效应，在意想不到的方向上出现分叉，产生大量的离题信息。这可能会造成额外的工作并减缓研究的进行。如果你使用的是开放式的方法，这种情况就特别容易发生。

时刻准备好决定要包括什么样的内容。考虑：

- 为了使这个个案研究更有意义，我需要什么信息？
- 我需要在哪个层次上研究这个特殊方面？

充分认识不断积累的信息。采取措施定期筛选出不需要的信息，并巩固最相关的信息。

蔓延效应是可以控制住的，例如选择关注问题的某一个狭小方面。如果研究可能会产生非常丰富的数据，那么就为研究设置相对较窄的参数。

7.决定你的材料来源

已出版的材料：广泛阅读在你进行研究过程中出现的问题的相关材料。这可能是从一般教科书、研究文章、其他个案研究中获得的信息，也可能是公共领域中的信息，例如政府文件、公司财务报告、官方数据、建筑规划，等等。

个人资料：你可能会被允许访问一些材料，例如医疗笔记、书信、日记和个人文件；使用这些东西时要尊重个人隐私并保密。时常确认该人的姓名是否可以被提及（例如在致谢中），或者他们的信息是否需要仔细编辑以保持匿名。

其他保密信息：你可能获得公司记录，通常会要求你签署保密协议，并可能会限制你如何能够使用或引用这些资料。

8.决定方法

个案研究适合许多研究方法，例如：

- 结构化或非结构化的观察
- 社区调查或组织调查
- 结构化或非结构化的长期访谈
- 对单个文本的批判性分析
- 对关于企业、历史事件、疾病爆发等某方面的一系列文档和/或数据的分析
- 对你自己所收集的数据或公共领域已经存在的数据的分析
- 通过多种途径拼凑一个情景画面

观察和提问

通常情况下，对于个案研究，你会：

- 在一开始采取开放式的方法，来帮助你塑造自己的研究设计。
- 在进行过程中越来越关注于你的观察或提问，以便熟悉特定的主题或解决你的信息缺口。

一旦你已经决定了要使用哪种方法，就详细地计划你究竟要如何组织你收集数据、记录数据和分析数据的方法。

写一个方法初稿

为你所提出的方法写一个初步草案。这有助于标记在你开始个案研究之前可以解决的潜在缺口和疏漏。在写草案时，要考虑你将如何向你的导师或客户证明你对该方法的选择，尤其是如果被问：

- 为什么是这些方法而不是其他方法？
- 会产生什么类型/数量的数据？
- 需要获得谁的许可或参与，以及你将如何获得？
- 你认为有哪些潜在的问题，以及你将如何解决？
- 这些方法是否真的会产生你所需要的信息来回答你要回答的问题？

9.收集你的数据/信息

一旦你决定了自己的研究方法，那么准备好工具或材料来帮助你收集、记录和储存信息。请注意，对于个案研究来说使用少量的参与者通常是不可能进行试验的。

10.证实“证据”

如果可能的话，寻找交叉引用信息的方法，无论是从参与的个人或组织，还是其他地方。根据你的项目，这可能意味着把他们的理解和记忆与官方数据、一般理论或其他利益相关者比较。例如，一家公司的市场观点可能与目标市场中重点团体的意见形成对照。历史或官方记录可能会提供一个不

同于个人或组织所提供的状况——你可能不得不考虑哪一个可能是最准确的信息。

11.分析你的研究发现

在个案研究结束时，你要注意理解“整体”——不同的部分如何促进对问题的整体了解。分析早期数据寻找研究意义，用这些来引导你进行后期的研究。

12.把你的发现放到相关背景中研究

确定相关理论、以往研究的例子、最近公布的政府数据或其他著名的案例，这些都能够使你对自己的个案研究和更大的背景进行比较。如果可能的话，引用你的个案研究之外的有助于支持或挑战你的研究发现的证据。

20.2 撰写个案研究

哪种风格？

对于个案研究，没有一个单一的结构或风格。由于个案研究是多种多样的，其风格和结构需要体现其特定的目的和学科惯例。

结构的重要性

由于每一个个案研究都是独一无二的，所以这很有可能会过度影响研究报告的结构，要么过于偏离该学科的类似个案研究，要么完全缺乏结构。Swetnam 和 Swetnam (2010)评论说：“糟糕的个案研究往往沦为对随机选择的特征的非结构化描述。”这是需要防范的。以下是构建个案研究的一些要点。

介绍

目的：对此进行简要说明。如果该个案研究是客户委托的，是什么导致了该委托以及客户的目标是什么？这个个案研究想要发现什么样的答案？如果不是委托的，是什么促使你选择了这个个案研究？清楚地说明问题或焦点。

背景：提供一个简明的、有选择性的，但详细的背景材料来帮助读者了解项目的目的、方法和结果。对于受委托的报告来说，提供客户的背景资料，注意匿名，如果需要的话。

文献综述

包括一个文献综述（第9章），表明理论背景和研究背景。这指的是从类似的个案研究中可能学到什么以及这些如何影响你的方式、方法、分析或建议。

部分/章节

根据个案研究的不同，可能会需要以下的一部分或全部。

- 方法论（第11章）
- 所使用的方法
- 先前的行为或干预措施，如果有的话，以及它们的结果。
- 当前的行为或干预措施
- 客户对任何行为或干预措施的反应
- 利益相关者的反馈
- 对干预措施或行为的批判性评价
- 任何尚未解决的问题或难题
- 可能引起任何尚未解决的问题的原因
- 对可能的解决方案的评估
- 结论/行为建议

分析

寻找主题和可能的因果关系或不同问题之间的联系的相关例子。这个个案研究从多大程度上说明或反驳了先前的研究和现有理论？它如何成为其他案例的典型？你的个案研究如何增加了对更广泛问题和特殊案例的理解？

提出建议

如果需要的话，做一个列表。好的建议是：

- **相关的**——正如你的研究发现的那样，它们都基于实际的需要。
- **合理的**——你的报告应该基于证据为每一个建议提供一个合理的解释；你的报告应该显示如果采取这样的行动会有什么样的结果。
- **适合的**——它们适用于该组织的文化或个人的情况。
- **实用的**——它们在相关的时间尺度内和现有的专业知识范围内可以负担得起并且可行。
- **具体的**——究竟必须做什么，什么时间由谁来做都很清楚。

20.3 个案研究

如果你已经完全解决了以下内容，请核对并打☑。请将不适用的选项划去，并解决需要进一步关注的方面。

进行个案研究之前

☐ 我很清楚我要从这个个案研究中得到什么。

☐ 我已经决定了要选择什么样的个案研究。

☐ 我已经决定了要包括多少个案例。

☐ 我已经看过了类似的个案研究来指导我的思路和方法。

☐ 我已经决定了要使用什么样的方法论或方法(第11章)。

☐ 我已经知道了我需要什么样的背景信息,特别是关于这个个案研究的。

☐ 我已经收集了背景信息。

☐ 我已经写了背景草案。

☐ 我已经设置了明确的参数(规模、时间表、结构,等等)。

☐ 我已经决定了要使用什么样的方法。

☐ 我已经为参与者准备了相关信息和材料(第15章)。

☐ 我已经为见面、访谈、观察、访问数据等制定了时间表。

☐ 我已经决定了在收集和记录信息时使用的合适工具。

☐ 我已经试验了我的方法并依照需要进行了调整。

如果是受客户委托的

☐ 我已经见过客户及其委托的研究/读过他们的书面摘要(如果相关的话)。

☐ 我了解客户想要从这个个案研究中得到什么。

☐ 我已经澄清了所有的保密问题和基本规则问题。

☐ 我与客户保持着联系,让他们随时了解情况(如果相关的话)。

☐ 在信息和使用权方面,客户知道我从他们那里需要什么。

☐ 客户已经同意了该使用权。

☐ 我和客户讨论过我的结论、建议、证据基础和推理。

进行个案研究期间/之后

☐ 我已经通过对照其他资料证实了我的研究发现,而不是仅仅依赖于客户或参与者提供的信息。

☐ 我已经分析了相关问题和主题的研究发现,而不是仅仅对案例进行叙述("故事")。

☐ 我已经将我的材料结构化并写入主题部分或章节。

☐ 我已经基于证据得出了合理的结论和建议。

☐ 我已经参照相关理论和研究将我的发现放到有关背景中去研究。

☐ 我提供了一系列建议列表。

☐ 我已经考虑过一些从这个个案研究中可能学到的更广泛的问题,例如关于更广泛群体或对一个特定问题的新认识。

第21章

解释你的研究发现

对数据的解释需要结合三种方法：

1.高度专业化的方法，如统计方法或语篇分析，这将占主要部分

2.通用批判性思维技能，如在研究早期阶段应用的内容。更多细节请见Cottrell（2011）

3.通用高层次分析方法，例如本章中包含的内容

思考阶段

对许多学生来说，这是一个研究项目中最有趣、最引人注目的部分。如果你的准备工作扎实，那么看到你的研究结果将是一件非常令人兴奋的事情。对这个层次的研究来说，很有可能会出现意想不到的结果和挑战。这意味着需要对你的证据基础进行大量的思考，以便理解结果的真正意义。

“那又怎样?”

你的报告需要解决的最重要的问题之一是“那又怎样?”。换句话说，你已经收集了信息但：

- 它意味着什么?
- 它如何促进了我们已有的认识?
- 对定量研究来说，它具有统计意义吗?
- 它会造成什么影响，以及对谁造成影响?

寻找答案

对于这个研究层次的大规模项目来说，不可能会有一个简短明了的答案如“是”、“否”或“42%”。你的审查者看的是你如何在所在学科更广泛的情境中理解并解释材料。

时刻把新的想法和观点记录下来，如你的方法或样本的微妙变化如何会产生不同的结果。围绕主题继续进行阅读，寻找灵感或关于你的研究发现的新视角。见“通过写作进行思考”。

有组织的

检查你组织材料的方法是否真的对理解你的研究发现有所帮助。

对于定量研究

对于以数字为证据基础的研究来说，应该在数据收集完整后才能进行分析。当结果开始显现时，你自然就会想从中寻找意义，有时这样做是值得的。但在其他时候，即将产生的结果很容易波动，所以在中期进行分析并没有利用最佳的时机。权衡分析你的数据的最佳时间。

对于定性研究

对定性研究来说，理解分析材料的过程往往包含在每个研究阶段中。不建议先收集所有的材料再开始分析，这也是不现实的。

21.1 “在过程中”解释

提早开始

不要把结果分析和解释留到项目的后期阶段。在你收集材料时，就要尽早积极主动地处理这些材料。见“理解你的研究发现”。

寻找新主题

- **多角度审查你的研究发现**。寻找模式和趋势：数据中产生了什么信息？这些信息是你所期望的吗？
- **焦点**：尽早开始考虑你将如何使用你所收集的信息。考虑你会如何缩减数据/材料。每一步可以排除些什么？

你很可能在早期就会看到这些信息是否朝着你所设想或推测的方向发展。如果你没有做任何假说，那么你将开始确认研究的发展方向和倾向，或者结果将会显现。如果不是这样，并且适合你的方法论的话，你就要以积极的方式开始寻找这些判断，这样你才能相应地组织或缩减你的材料。

处理新产生的结果

- 永远不要为了迎合你所喜欢的答案或支持你的假设而改变你的研究发现。
- 如果研究结果不能支持你的研究假设，不要认为你的工作是毫无意义的。作为一个研究者，你的任务是要验证假设，而不是得出一个特定的结果。只要你的证据基础和方法恰当，即便你的结果不能支持假设，这本身也会促进我们的理解。
- 保持研究的完整性，即使你认为你的导师、客户或雇主希望得到不同的结果。

在写作中思考

把你中期的研究分析写下来，当作“笔记”，帮助你阐明思路。这可以帮助你的大脑筛选海量信息，考虑想法，制定假设，了解信息的含义和导向，批判分析并验证新产生的结论。

以这种方式把思路写下来是解释过程中的一个重要组成部分。虽然有些人喜欢在整个研究结束后对其进行整体思考，这会导致遗忘一些好的想法。通常，以下内容是至关重要的：

- 在一天结束之后整理自己的想法，考虑一下你是如何产生这种想法的；一些缺陷或空白往往是显而易见的。
- 坚持回看你的笔记，至少是笔记的某些部分，并根据进一步的数据、阅读和思考重新审视你对材料的先前解释。

保持一致性

如果结果看起来偏离了方向，研究者很可能会对他们的研究方法做出细微的调整，有时自己也并没有意识到他们正在这样做。研究要保持一致性，采用一个系统的方法。要注意即使是细微的变化也可能造成一定的影响，例如在语气、重点、节奏或问题措辞、实例选择上的细微变化。

如果我意识到研究设计是有缺陷的，怎么办？

如果你发现你的研究设计是有缺陷的：

- 不要惊慌：这确实会发生
- 立刻与你的导师讨论
- 修改设计并采用新的样本或新的一组参与者/样本重新开始
- 或继续按照开始的设计进行，并作为该研究分析的一部分批判你的设计

21.2 理解你的研究发现

一个反复的过程

对于艺术和人文学科以及很多使用定性数据的其他项目来说，通常不会等到收集完所有数据以后再开始分析数据。分析，更确切地说，是信息生成过程所固有的。主题、问题或新的假设很可能产生于材料本身，并且其中一些在研究开始之前很难预料。对一些基于数字的研究来说，通常也是这样。

对你的研究来说，这个过程可能是反复的：即你认为引出问题的第一个材料产生的想法引导你进入下一个材料。你可能会发现你在一手资料和二手资料中自由穿梭，阅读专业研究、专著或评论，这些都可以激发你从新的角度分析你的材料并引导你进一步阅读材料。

这也体现了其自身的挑战，因为你收集的材料将会定义或扩展你的研究问题。虽然说生成新问题、发现新线索、追求新方法和新思路，以及积累更多的材料是很容易的，但这意味着你对研究过程的回顾和反思是至关重要的，只有这样，才可以

保证项目的可控性。

划分材料

除非你积极地组织你的材料和自己的想法，否则很可能产生一堆毫无结构而言的细节堆砌。留出时间来考虑如何最好地划分。

理想情况下，你需要确定构成论文主体的可能章节。实际上，你可能直到最后才能确定材料是否能分成六章或十章。因为你需要对材料进行处理和安排，以使其前后连贯和避免重复。

促进连贯

不时地重新考虑如何最佳地选择和组织以下方面：

- 你的材料中的关键主题
- 以最合理的方式处理这些主题的章节
- 章节里的各部分，使材料清楚流畅地呈现出来
- 每一部分的关键点——要传达的最重要的信息是什么
- 每一点的说明细节和例子，这些都来自于你的证据基础，以支持你的论点

需要严谨的思考来确定：

- 你的材料的不同方面之间的合理关系
- 材料的哪些部分最适合组合在一起
- 哪些材料可以深入分析，以及
- 哪些材料正在偏离其余部分

寻找重大问题

清醒地意识到那些微小的问题，它们本身可能很有趣，但会分散你和读者对核心信息的关注。这些小问题会影响你的研究的重点和清晰度。

Zaffar 发现很难理解他的研究发现

21.3 发现组织原则

分类

为了帮助你划分以上谈到的材料，分类和编码是很有必要的。这样做能够：

- 很容易地找到它
- 为了特定目的，在一个地方整理所有你需要的材料
- 轻松进行比较
- 区分你自己的想法和你从其他地方获取的资料

“组织概念”

简单地说，概念就是思考某事的一种方式，是一个看法或心理模式。它可以帮助我们发现日常世界的规则和任何为研究收集信息的主体的规则。概念有助于对信息进行分类，分为不同命名集、类型、主题或类似的类别。

发现合适的类别

由于研究通常都位于学术“前沿”，并且就其性质来说这些方面之前还没有以这种方式被研究过，所以通常在一开始判断哪种组织概念最有用或你的材料最终会如何分类上都不是很明显。你不得不处理材料，对其进行分类整理，思考分类的基础，并在研究过程中不断发展新的类别。

利用你的阅读。开始时利用你在文献综述时读过的文本来帮助你识别有用的概念，或用标题和分类标签来对材料进行整理和重组。这对你收集更多的信息也是很有用的。

从简单做起。从尽可能少的类别开始。在最明显的标题下划分材料，尽可能与你最终报告的布局相一致。在这些标题下进行归档。

决定子类别。不久之后你会发现在每个标题下或每个文件中都有大量的信息。你将感到难以处理或效率低下。在那时，立即寻找进一步将材料划分为最合逻辑的子类别的方法。将这些材料进行标记，

- 既能显示它们和章节/部分/更大章节或相关信息集的关系
- 又能与你的其他材料区分开来

在研究过程中继续这个过程。当你在一个领域中收集了大量信息时，将它们分成几个逻辑部分。将这些材料进行标记，并表明：

- 它们的共同之处是什么（其特点）
- 或你会在报告的什么地方使用它们（其使用）。

筛选

从其余信息中选出有用信息可以使你的材料具有可控性。不时地：

- 把较长的笔记总结成较简短的笔记
- 删除没有预想的那么有用的材料或材料类别
- 决定合适的例子和说明细节；并计划将其包含在预期章节中的什么地方
- 将一些无关的但又可能有用的材料进行分类和标记；将其储存起来以防将来需要

21.4 整理数据

整理数据

在开始深入分析数据之前，想一想要如何整理、组织和呈现数据，使数据能够清楚并突出。根据不同的学科，这可能意味着：

- 将数据输入到一个适当的数据库中，并用统计软件包运行
- 用图表、图形、表格、地图或其他图表来呈现信息
- 作为图片或“图版”来呈现图像
- 按时间顺序整理材料，使事件的序列可以支持分析

对定量研究来说，“解释”阶段往往伴随着数据的展示。恰当地陈述数据是至关重要的。

- 你所包含的表格和图表代表了你的选择，向你的读者说明了你认为什么是最重要的。
- 包含不相关的数据可以表明你对材料意义的认识不正确。
- 你命名和标记图表的方式向你的读者表明了一个理解数据的特定方式。无论你选择了哪种方式都会产生一个独特的视觉效果。如果你选择的方式很糟糕，就会使人感觉你为你的研究创建了一个虚假的写照。

更多有关如何展示数据的细节请见Bell （2005） 和Denscombe (2007)。

整理你的材料，这样你可以进行比较。这很可能涉及以多种方式重组或“切割”数据，以便在整个数据中比较不同的集合或把你的数据和其他地方发布的数据

进行比较。

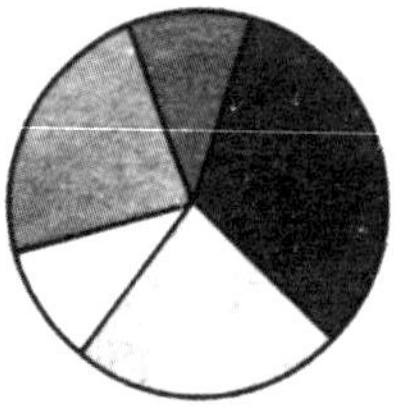

饼状图

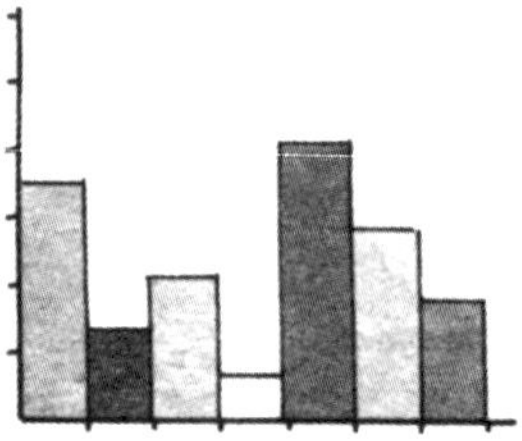

柱形图

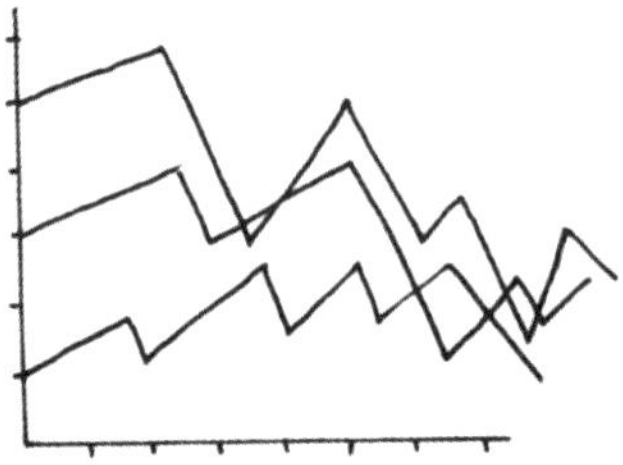

图表

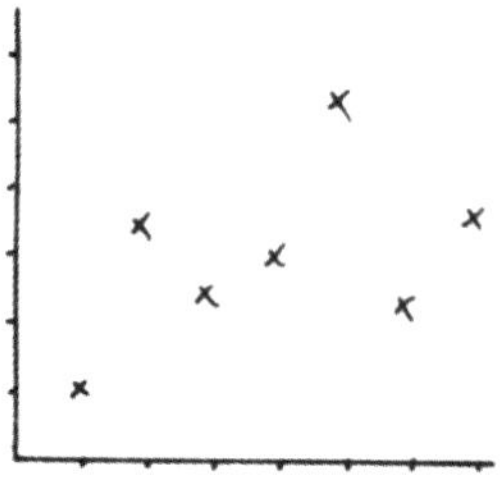

散点图

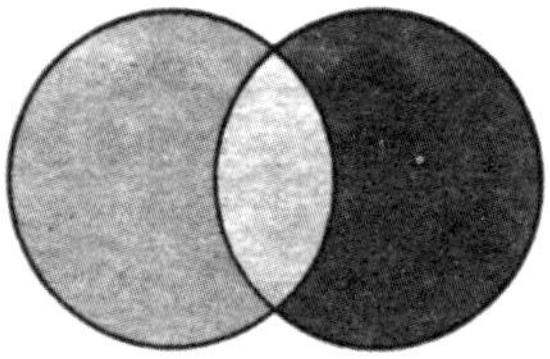

维恩图

Country	Capital
England	London
France	Paris
USA	Washington DC

表格

建立模式和关系

如果你的数据能被很好地呈现，这可以帮助你看到信息中的模式。根据不同的学科，可能是：

- 事件之间的关系
- 数据集之间的相关性
- 随着时间变化的趋势
- 因果关系
- 随着时间变化的发展模式

得出相关主要结论

作为一个起点，回到你的研究问题和假设上。

- 你的研究发现在多大程度上能够回答你的研究问题？
- 这个研究能够支持你所提出的假设吗？
- 如果是这样的话，有多大意义呢？

21.5 展开提问

如果你的材料或结果不能立即明确地告诉你什么，那么就生成一个问题列表来帮助你全面系统地回顾你的研究。本书中每一部分的一览表就能满足这个需要，或者可以帮助你设计一个合适的列表。

有助理解数字的问题

Thomas (2009)指出，“盯着”你的数据仔细观看是非常宝贵的，虽然这种方法不会在许多统计手册中出现。这意味着用直接观看数字，看一看它们像什么。

典型问题是：

模式。数据中有什么模式吗？它们会朝着某个特定方向上升或下降吗？如果是这样的话，它们在哪个特殊的点上开始上升或下降，或者会上升或下降得更厉害？或者它们是否保持一致？或在某个点上趋于稳定？

关系。数据中有哪些明显的关系？是否有两组或多组数据以类似的方式上升或下降？或者是否有一些数据在其他数据下降的点上上升？或者是否每一组看起来和其他数据都没有关系？

背景。数据如何与背景相关？数据开始上升或下降的点是否与收集数据的时间、条件或环境相对应？在这个可以解释为何数据表现不同于之前或之后的点上发生了什么？

不规则。是否有任何看起来和其他部分不相配的数据？是否有极端值或异常值？

有助理解材料的问题

对分析文本、图像和其他非数字材料来说，典型的问题有：

真实性。这个材料是它看起来的样子吗？它的出处是什么（它出自哪里，我如何得知）？

价值。这与我的研究有何关联？我将如何使用它？它是最相关的材料吗？它如何补充我的其他材料？这是我论证自己的观点的最佳例子吗？

范围。我的材料足够广泛吗？可以准确公正地代表我在这些问题上的立场吗？

概念范畴。哪些概念可以帮助我确定主题并划分信息？哪些主要概念可以帮助我收集不同的主题或论点来帮助我解释材料？我是否已经以最佳方式来分类信息以确定材料的重要性？

关系。不同部分的信息如何组合在一起？它们对彼此有何启发？这个信息如何有助于拼凑出事件的整体状况？

参考点。哪些思想领域、分析方法、发表的研究或其他背景材料可以帮助我充分理解材料的意思？

论点。这个信息如何促进我的论证？它对进一步理解在这个问题上发表过的材料中的相关论点有什么帮助？

21.6 把你的发现放到有关背景中去研究

参考权威

通过参考本领域中的研究、理论，或既有的专业知识和惯例，来理解你自己的研究发现。把你的结果和学科领域中先前研究的预期结果进行比较，看看有何相似性和不同之处？

谁的研究发现与你自己的最为接近？

翻看你的文献综述来看看谁的研究发现与你自己的比较类似。如果没有的话，进一步探索该领域看看你是否错过了任何支持你的研究发现的研究或理论。如果是后者的话，将其添加到你的文献综述中。如果你的结果是建立在类似的结果之上的话，这会为你的研究发现增加优势。

如果你的研究和所预期的完全匹配，那么什么样的研究设计会产生这样的结果？在“你的讨论和结论”部分，参考支撑你的发现的先前研究或理论。

谁的研究挑战你的研究发现？

作为一名研究人员，你的目标是公平全面。寻找与你的研究发现相矛盾的理论或研究，如果你的文献综述中没有包括这些的话，将其添加进去。考虑一下如何解释这种差异。

你的研究发现挑战谁的研究？

你的研究发现是否对任何先前的研究提出质疑？例如，先前的研究或一个特定的理论所生成的归纳总结可能对其自己的样本适用，但对你的样本不适用。如果是这样的话，你的研究如何造成了两者在结果或意义上的不同？

那又怎样？

想一想什么使你的研究发现变得有意义、重要、有价值或有趣，想一想如何在你的研究中将这一点清楚地表述出来。

- 广义地说，以前的研究发现、理解和/或专业实践是否被你的研究发现所确认或质疑？
- 你的研究发现或分析如何以及为什么不同于以前发表过的研究发现或分析？
- 你的研究如何进一步促进对已知内容的了解？
- 你的研究结果给该领域增添了哪些知识？我们知道了哪些以前所不知道的？你的研究如何帮助我们从不同的角度理解世界或其某些方面？
- 你的研究如何能促进我们对原始材料或其产生背景的理解？如何能促进我们对原始材料与其他材料的关系的理解？以及原始材料在过去如何被使用或理解？
- 你的研究会引起哪些进一步的研究问题？

理解意想不到的内容

研究中意想不到的方面往往会提供最好的见解。如果材料所指的方向看起来不符合以前的研究，不要介意。这可能是一件好事。

然而，要为出现这样的情况寻找特定的可能的原因。以前发表过的研究很少是不正确的（尽管有可能）。更有可能的是，问题的原因在于你研究的不同之处，特别是你的方法或证据基础的特殊性。

21.7 解释你的研究发现

如果你已经完全解决了以下内容，请核对并打☑。请将不适用的选项划去，并解决需要进一步关注的方面。

为分析准备材料	建立模式和关系
□ 我已经筛选了材料/数据，删掉了任何不必要的内容。 □ 我从闭联集的两端排除了异常数据（对数字数据来说）。 □ 我使用了最好的分析程序来解释我的数据（如果相关的话）。 □ 我确定了最有可能的关键主题来整理我的材料。 □ 我根据每个主题对材料和数据进行整理。 □ 在每个主题内，我已经将材料整理成最佳顺序以便分析。 □ 我确定了分析数据的最适当的统计分析方法。 □ 我以最好的格式呈现了数字数据，以帮助分析和解释（图形、表格、图表、地图、有序的笔记，等等）。 **回答研究问题** □ 我利用了材料确定是否已经回答了研究问题。 □ 我确定了研究发现是否支持研究假设。 □ 如果研究假设被支持，我已经确定了研究的重要性。	□ 我仔细检查了我的材料寻求模式和趋势。 □ 我寻找了这些模式和趋势出现的原因，无论是在自己的数据中还是在背景文献中。 □ 我确定了我的数据/材料中各种关系的性质（如非本质的；因果关系；发展阶段；无明显关系，等等）。 **把研究发现放到有关背景中** □ 我选择了最合适的理论基础来解释我的研究发现。 □ 我将我自己的研究发现和学科内先前的研究发现、理论或认识进行了比较。 □ 我很清楚我的研究发现在哪些方面支持发表过的研究和理论。 □ 我可以提供理由来解释我的研究发现在哪些方面与发表过的研究或理论不一致。 □ 我很清楚在我自己研究的过程中存在哪些缺陷，也可以详细说明这些缺陷如何影响了我的研究发现。 □ 关于做出的结论或建议，我很清楚是否有一些严重的或轻微的缺陷。 □ 我很清楚我的研究发现为先前的知识和认识做了哪些补充。 □ 我很清楚我的研究发现可能在哪些方面挑战或修改了以前的理论或认识。 **关键选择** □ 我明白在我的研究发现中什么是最相关最重要的。 □ 我知道在我的报告、文章或论文中哪些是要交流的最重要的信息。 □ 我确定了在每个主题下想要证明的关键点。 □ 我确定了最佳的例子（如果相关的话）。

第四部分　撰写

写作阶段的重要性

无论你的研究多么精彩，你的想法都要通过写作展现给这个世界、委托人和你的审查者。因此，你的写作要准确地再现你所进行的所有工作。

写作阶段的挑战

你可能会发现撰写你的研究是整个过程中最愉悦的一部分。有些学生会这么认为，有的则不会。无论这个过程是否愉快，总有千头万绪需要汇集在一起，不免让人感觉整个过程好像在养一群上蹿下跳的猫一样。

撰写大部头的研究作品不仅对学生来说是一个挑战，对专业作家也是如此。即使是热爱写作的人也会发现很难安下心来写作或不知道从哪儿开始写起。大多数作家都会挣扎一段时间寻找合适的语言来准确地表达他们的想法，或是当他们回过头来再读自己的作品时，会发现和他们记忆中的不太像。

你在阅读这几个章节时，考虑一下所提供的技巧和策略。核对一下这些技巧和策略对你是否适用。

Imelda 有时觉得撰写论文像是在养一群上蹿下跳的猫一样……

如果有时你发现自己不甚热衷于写作，阅读这部分对你非常有帮助。撰写研究是对你个人素质的极大挑战，也是对确定并应用良好写作策略能力的极大考验。

然而，随着写作过程的完成，你很可能会体会一种巨大的成就感。

第四部分目录

写作阶段的主要特点将在随后的章节中进行说明。这些特点有：

撰写论文:学生们如是说……

喜欢写作……

我喜欢写作,所以这是研究中我最喜欢的一部分。我在一开始有些滞后,因为对于我要做什么我有了新的想法,而且我最终的研究想法不是很好。我决定在最后撰写论文方面对其进行补救,批判性分析我的想法和方法在哪里出了问题以及可以改进的地方。我觉得这就是我为什么最后以好成绩通过的原因。

整理材料……

对我来说,关于写作最难的是从我面前的大量信息中选择我要包含的东西。我跟我的导师谈了这件事情,我们认为问题主要在于我的材料太过混乱。我不得不停止写作来整理我的笔记和数据,并弄清楚哪些材料是相关的。然后我又仔细检查了一遍,决定哪些材料属于每一章的开头或结尾部分。这像是一个巨大的“文件归档”活动,但到最后,我知道在什么地方包含哪些内容。

不得不写十次……

我相信每个字我都写了十次,可能更多。每一次我都觉得行文非常流畅。然而再读时,我会发现很多小错误。或者想起另一件需要补充的事,最后我不得不改写一个或两个段落来平衡字数。这付出了我很多心力。

整理我的想法……

我一直对于擅长写作引以为豪,所以当我的导师批评我的初稿时我感到很惊讶。倒不是我的研究和写作的准确性存在什么问题,问题更多地在于我的想法。我的研究结果是非常矛盾的,我对于为什么会出现这样的情况有太多的想法。我太专注于自己的想法以至于没有充分考虑这些想法是否在我的写作中讲得清楚明白。我甚至没有注意到我的一些主要想法是互相矛盾的,至少可以这么说,有的还相当混乱。后来我理清了想法,写作就有条不紊地进行了。

字数太多……

我的导师告诉我必须再补充更多的材料,但同时要精简我的语言,因为我已经超过了字数限制。我认为这不可能,就是浪费时间。这种感觉就像在每个段落间爬行,找到一个20个字的句子将其缩减到15个字,这样我就能在各个部分偶尔补充一些段落。我后来做得很得心应手,个人最高纪录是在重写一个部分时节省了50个字。这是要下功夫的,但并不难:因为总能发现另一种表达方式。

最后的障碍……

我曾认为完成了初稿之后我就几乎完成了任务,没想到还要花费那么长时间来修改初稿、参考文献、摘要。我勉强在最后期限前完成任务。

第22章 写作策略

人们在处理写作任务时所用的方法是因人而异的。没有一个绝对的“最佳时间”或“最佳方法”来撰写你的研究——能够让你及时并且很好地将每一部分或每一章写出来的方法都是“最好的”方法。

你的写作策略

一个良好的写作策略有助于使写作过程更加可控。它有助于确保你：

- 及时完成
- 按字数限制撰写
- 有效地利用时间
- 降低任务压力
- 适当处理你的研究和分析
- 把你的信息解释清楚

在确定哪种写作策略最适合你时，你可以考虑以下因素：

- 从你以前的任务，特别是你认为最难写的任务中获得的教训
- 你会如何考虑应对这种特殊的挑战
- 意识到学生们通常在哪里容易出错，以及他们希望自己所做的事情有何不同
- 你认为哪种策略对你来说最有用，并且你会照着做。

学生们在哪里出错?

总体而言，学生们做得都还不错。大多数学生都能完成他们的任务，并且完成得很好。但是许多学生都希望自己具有更好的写作策略以便得到较高的分数。

学生们在回顾研究时，希望在以下两个方面能采取另一种处理方式：

- 他们能够更多地关注最终成果，以获得更高的分数
- 他们能够找到让写作过程更可控的方法

第一个方面涉及写作结构、清晰度和风格这样的因素，这些将在下面的章节中进行介绍。

本章重点介绍第二个方面：使写作过程更可控，或是找到“完成”的方法。特别考虑以下问题：

- 规划和习惯

- 什么时候写
- 节奏和时间
- 整理你的材料
- 利用好的例子

如何完成……

- 在写作过程中善待自己：给自己足够的奖励。
- 在写作中穿插一些其他的活动，不要让其成为一项耐力测试。
- 对于过程做好准备，有时下笔有如神助，有时则进展异常缓慢。
- 从你写作的角度整理你的材料。
- 不要突然一蹴而就：顺其自然地写下去。

22.1 写作策略：规划和习惯

留出足够的时间

“比你认为的时间长”

□ 为其进行规划。

糟糕的时候……

□ 为其进行规划。

有的日子写作过程缺少成效，会打乱你的写作计划。留出时间来平衡计划。

字数的影响……

□ 为其进行规划。

因为作品要求的字数很多，可能会花费你很长的时间来检查这些方面，如重复、遗漏、整体结构和风格的一致性。留些时间检查你的整体研究。可能后几稿的某些方面会花费更长的时间进行调整。

摘要

□ 为其进行规划。

摘要通常要字斟句酌，比报告的其余部分花费更长的时间来写。

养成习惯

避免拖延写作的最好方法是养成一个好的写作习惯，坚持定期写，每天写。这可能听起来毫无生趣，但为了养成写长篇文章所需的规范，这是很有必要的。

- 每天或每周留出特定的时间来撰写，并坚持下去。
- 如果你落了一天没有写作，稍后及时弥补。这样进度就不会落后。
- 一开始写作时，就制定一个体系，这样你就能知道自己是否很好地利用了时间。

☐ 我已经了解了什么样的习惯对我每个阶段的写作最适合。

22.2 写作策略：何时动笔

从简单的部分着手

- 制定初始目录，即使仅仅是个设想；后期进行及时更新。
- 根据章节创建文件；将标题打在首页并且以标题命名文件名并保存文件。这样会创建一种成果意识。
- 写出你所使用的任何相关细节；撰写终稿的参考文献和（或）参考书目时始终按照学院所要求的格式和样式。
- 一个想法一旦形成，马上记下来，并复制到报告中最相关的章节或部分。然后整合到其中，如果不使用就删除。
- 对于报告而言，研究方法部分往往相对简单，写起来很容易。
- 可以先尝试撰写简短的段落初稿或部分段落，形成文献综述的一部分。

中期大纲

尽管十分具有挑战性，但是在你对研究的要点形成概念时，撰写一个早期的研究大纲很有必要。

- 对于长期任务，每隔几周回顾大纲进行参考。
- 浏览大纲，摸清要点。
- 大纲看起来有说服力吗？它正确地反映了你正在成型的研究方法吗？
- 更新、调整或添加大纲，使其与你的研究同步发展。

一边阅读一边写

阅读时选好材料

在文献综述部分，最好及早决定所用资料的数量及使用方式。这样的话，你会对文献使用情况有一个相对清晰的认识。这时便是最理想的撰写时机，至少是撰写初稿，这样你就可以把你将使用的资料记录下来。

保持简洁

尽可能简洁地概括原始资料。对于大多数的资料，你可能只在一个句子中顺便提及。因此要培养自己用一句话总结材料的相关性的能力。这将意味着你的文献综述的初稿会更容易整合。

导师要求

如果你的导师要求阅读你的一个章节或部分，以此为契机，着手撰写报告。导师会意识到无从下笔是学生无法完成论文的主要原因。

假设你会忘记

在研究初期阶段，人们往往不会做记录，总是假想在几个月以内不会忘记最重要的部分。但往往事与愿违，人们会经历很多挫败，许多细节会被遗忘。

当你阅读时或梳理出一个复杂的概念时，有条理地记好笔记。当思路清晰时，立刻以草稿的形式详细记录下来。

捕捉瞬间

抓住你的思维最活跃最有兴致的时刻，在这样的时候撰写每一章节、部分或段落会感觉更轻松。也可能让读者读起来感到饶有趣味。

22.3 写作策略:节奏、时间和助力

保持新鲜

一次写太多会导致厌倦并且失去积极性。

□ 把长期的写作任务分成若干个短期任务，这样在每次写作时应总能感到新鲜。这样有利于在书写时产生敏锐的想法。

避免赶工

在最后期限的压力下撰写论文意味着内容似乎看起来是仓促、无趣或错误的。

□ 从截止日期向前推算你将花费多长时间撰写、修订和调整你的论文。

□ 考虑到意外的延迟和困难，在每个阶段增加附加时间。

□ 尽早开始，保证你有时间解决突发事件。

□ 不要告诉自己在压力之下工作会更出色，除非你曾经成功地完成过如此大规模复杂性的任务。

□ 假设最后的任务，例如撰写摘要和修改草稿至少花费全部时间的10%，甚至更长。

划分章节

大多数报告和论文应分为章节和（或）部分。如果你没有这样做，那么计划将预期的内容变成条理清晰的章节。

□ 在完成研究或相关工作时，至少写出每章或每部分粗略的大纲。稍后，你可能想进行更改，因此应记下核心的细节，以及你的想法和分析，这比力求提前完

成一个完美的初稿更为重要。

寻求助力

□ 寻找一个同样在进行长期任务的朋友或同学。确保你们研究的是完全不同的主题，这样可以避免相互抄袭。与他们分享你论文中的一个章节或一部分，接受其建设性的批评。

最重要的是利用这个机会开始撰写点东西，然后对其进行处理和改进。

稍后调整

□ 当你不断阅读新的资料，工作进一步展开时，你所选择的材料、选择的方式以及水平或深度将会有所改变。这意味着，虽然一边研究一边撰写很好，但在这一过程中不应过早调整修改论文。

在写论文时，其他学生抱怨说，Olly就像一个八爪鱼似的，有不公平的竞争优势

果断开工

□ 你越晚开始撰写第一章节，就越难完成全部的写作任务。当你知道自己已经提前完成了论文的部分内容，就更容易保持写作的积极性来完成后面的章节。

22.4 组织写作材料

使用正式的格式

你必须重点考虑的一个问题是了解论文所要求的正式结构。这是一个关键的问题，所以在第23章中单独列出。

决定每一章的主题

对以章节划分的学位论文和类似的长期任务而言，决定哪些资料与报告主体章节最具相关性是一项挑战。通常，将资料根据篇章的主题划分有几种合理的方法。首先决定哪些论点和思路最适合关联在一起，然后将它们整合在一个章节中。每一章的观点要明确，尽量避免同一个观点出现在若干个章节之间，即便这意味着你需要删掉一些有趣但是关联不大的材料。

组织每一章

至于其他的任务，牢记一个好的结构的基本要素。

主题。决定每章的主要主题。

论点。决定该章将展开的主要论点。整个材料以论点为中心展开，贯穿始终，指引读者。

资料分类。将资料分类，整合与该章相关的所有资料，在撰写之前汇集到一处。制定一个一览表理清你想要使用的材料及相关细节。想清楚:

- 打算使用的材料
- 每个信息如何同下一个信息相关联
- 当你写作时，如何从一个信息过渡到下一个信息
- 哪些内容是可以包含的，哪些内容是需要忽略的

顺序。决定如何以最佳顺序展示该章节中的所有资料。大部分材料应该遵循该章节中主要论点的逻辑发展。尽量用一种自然的、有逻辑性的方式引入资料。

开始和结束。每章都包括引言和结论部分。即使显得有些重复，在这两部分中总结该章的主要主题和论点。

合并归类。在写作时，确保有关同一观点的相关资料放在一起，这样读者便不会感到前言不搭后语。

分段

保证每个段落本身的条理性。每段应该集中于一个限定的主题，通常在首句介绍。段落应有逻辑顺序。如果段落间没有明显的关联，应设过渡句来帮助读者从一组段落过渡到下一组段落。

研究报告

对于研究报告，所要求的结构非常有助于帮助你做决策，如在方法部分只能写研究方法，在结论部分只能写结论等。

一旦你将资料放到合适的章节，确保该章节中的资料同样是条理清晰的。这一点可以参照上文概述的一般原则。例如，在每个章节内，材料需要符合逻辑并且合理分段。对于研究报告而言，使用副标题有利于主题的转换。

22.5 从实例中学习

通常你可以通过图书馆获得先前类似任务的实例，从而了解在该主题下如何组织资料和使用可用词语，以使其与所在学科风格一致。（如果无法获得任务实例，回顾期刊中的文章来获得指导。详见第9章）

如果你对以下各项经过充分深思熟虑，打☑。

☐ **摘要**
- 作者是如何在有限的字数内概括整个研究？摘要包括什么？
- 阅读其余的部分，考虑作者如何选择主体所包括和省略的资料以及如何在摘要中改写冗长的内容。

☐ **形式结构**
- 你是想使用章节或部分或其他格式来组织资料？
- 每章节或每部分包含多少字？

☐ **引言**
- 引言部分中包含哪些信息？
- 资料如何组织？
- 如何引入每个主题？

☐ **研究方法**
- 如何描述研究方法？包含什么细节？这部分应如何措辞？
- 在该主题中是否有特殊的小节？

☐ **结果或发现**
- 你想在报告或论文的哪一部分提出结果？
- 描述了哪些细节？
- 如何措辞？注意到哪些写作风格？
- 有典型的表格和(或)图表吗？

☐ **结论或建议**
- 在该主题下，结论和建议在报告或论文的哪部分出现？
- 描述了哪些细节？
- 什么类型的结论或建议是典型的？

☐ **引用和参考文献**
- 作者是怎样在自己的文章中顺便提及他人研究的文献资料？他们是如何措辞的？
- 有哪些典型的注释或分析？
- 他们在参考文献或脚注中是怎样使用引用的？

☐ **附件**
- 通常附件中包含什么类型的资料？
- 作者是怎样将论文主体资料和附件资料建立联系的？

第23章

结构正确

虽然大多数的长期任务需要你以相同的顺序处理相似的注意事项，结构上的要求却根据学科和情景的不同而不同。越是长期的任务，越可能要求你以篇章的形式撰写，而不是连续的文字（对于小论文而言）或部分（对于研究报告而言）。

如果一项研究是为了满足客户的需求，通常要加入建议部分，但是其他类型的学生报告不会要求这么做。

研究项目

自然学科、社会学科、商业学科和医疗学科往往需要通过大量的主标题和副标题将研究报告分成几部分。

长篇论文

通常艺术与人文学科需要撰写长篇论文，并且往往在论文的主体部分不需要任何副标题。

学位论文

对于自然科学和社会科学而言，学位论文通常划分成章节，就像研究报告分成各个部分。你需要确认你的课程要求。

对于艺术与人文学科而言，文献检索和方法论都整合到引言中。核心章节展开论点，每章调查主题的一个方面。结构你可以自行设计，所以在引言部分需要概括它及其基本原理。

小论文

通常采用章节式的结构。

部分或章节

以部分划分的结构包括
1.摘要
2.标题页
3.目录

4.引言，包括研究假设或建议
5.文献综述
6.方法论或研究设计或研究方法
7.结果
8.结果讨论
9.结论（如果需要）
10.建议（可应用的话）
11.参考书目
12.参考文献
13.附件

以章节划分的结构包括
1.摘要
2.标题页
3.目录
4.引言，包括文献综述和研究方法
5.章节：讨论和材料分析
6.结论
7.参考书目
8.参考文献
9.附件（如果相关的话）

23.1 结构:目的在于……?

下文概括了由专业学者或专业研究人员撰写的一些研究报告或文章中不同方面的主要目的。根据主题，这些文章可能会划分为部分或章节，但无论形式如何，目的是相似的。这虽与学生所做的任务不同，但是会告诉你审查者给你的研究打分时的评分思维。审查者评价的细微差别列在下面最后一列。

方面	对于专业研究人员来说目的是	审查者希望看到你……
整个项目	• 促进对一个具体问题的理解,以前人的研究为基础,同时为今后的研究奠定基础	• 了解你所研究的主题知识是如何构建的 • 利用在该项目中所学到的知识,并且形成广泛的技能 • 处理复杂的事情,独立地做出明智的决定,知晓何时请求获取帮助或建议 • 能够遵从导师、自己、工作场所或客户的任务摘要 • 具有高等教育、政府、商业或工业或其他领域的科研资质(如果审查者需要就这一点写相关证明)

续表

方面	对于专业研究人员来说目的是	审查者希望看到你……
摘要	• 总结研究项目的关键点，以便其他人可以快速地决定是否值得阅读全文 • 帮助其他人搜索和浏览相关研究	• 能够清晰和精确地思考并且在文章中呈现你的思想 • 能够以符合你的学术领域的风格构建一个摘要
标题页	• 展示题目、作者信息、日期和委托者或提供资金的人的信息（如果可以的话）	• 依照指示，能够以专业方式展示你的研究
目录	• 帮助读者快速并简单地找到每章、每部分、附件或表格	• 考虑你的读者，清晰准确地组织信息
研究假设或选题	• 研究人员：为他们的工作划定范围，帮助他们提供一个清晰的中心 • 明确地向科研界和资助单位阐明这个研究覆盖的范围以及做出的假设	• 创意与常识相结合；你能够形成一个与你的摘要相符的合理的选题/假设 • 制定一个精确的、措辞严谨的、考虑周到的选题或假设
引言	• 提供有关研究的背景，例如，这个研究为什么被委托或承担，要达到什么目的，以及选择研究中心和角度的基本原理 • 对于一些学科，引言是一个很大的部分，包括研究的背景、文献和方法（看下面的部分）	• 证明你对课题背景的大概了解，并以简明扼要的方式书写 • 合理判断其他学术型读者，在对你的主题没有深入研究的情况下，为了读懂你的研究应该从何处入手 • 为你从事这个研究提供一个充分的理由；即目的或意义或解决哪个相关问题 • 为读者做好准备，让他们在无需深入其他章节的前提下了解你做了什么和为什么这么做
文献回顾	• 使专业研究人员尽可能地了解他们探究的专业或领域 • 确保研究有很好的理论基础、方法论和学科知识基础 • 确保他们的研究是原创的并且没有被其他人研究过 • 使读者清楚他们是怎样运用已有的信息资源进行研究——为了这项研究的目的，这些信息资源是如何被阐释理解的	• 已经对课题的背景进行了深入的研究 • 选择正确的资料并向他人说明这些资料与你的研究的相关性 • 以有条理的方式介绍前人的研究从而指出对这一问题的理解是如何发展的
方法论/研究设计	• 确保研究真正遵循了伦理规范 • 告知读者研究的方法论原则 • 帮助读者抓住研究思路，以便他们能够对设计是否符合研究目的或是否存在缺陷形成自己的结论	• 了解与你的课题相关的方法论假设和哲学思想 • 了解并实际考虑伦理规范 • 已经从各个方面认真地考虑你的研究，使它符合研究目的 • 合理设计你的研究使其内在协调一致：目的、哲学原理、方法和结论互为支撑 • 充分但简明扼要解释你选择研究方法的基本原理。不必解释为什么你没有选择那些明显不符合学科/主题的方法

续表

方面	对于专业研究人员来说目的是	审查者希望看到你……
方法（通常作为方法论中一部分）	• 提供一份清晰准确的研究实施的提纲以及选择某些特殊方法的原因 • 让其他人能够理解研究成果（根据所运用的方法） • 可以的话，让其他人能够通过复制这些研究方法来检验研究成果	• 选择或设计适合的方法精确地完成你所撰写的研究选题或测试你的假设 • 根据提纲系统地遵照这些研究方法 • 理解与你的课题密切相关的专业术语，并合理地运用它们，例如确定变量和条件
参与者（同上）	• 阐明他们怎样选择样本，并详述控制哪些变量	• 阐明你怎样选择样本，控制变量 • 遵守伦理准则
材料（同上）	• 提供研究方法的进一步细节，如发给参与者的指示	• 精确地阐明用于研究的材料、数据或资源 • 设计符合研究目的适合受众的资料
结果	• 告诉读者研究结果（主要是针对提供定量数据的研究）。这些数据应该准确真实	• 用最适合的图表清晰准确地提供数据和研究结果 • 明确主要的研究结果而不是单单提供所有的内容 • 证明结果的真实和完整性而不是修订数值证明某一点
讨论	• 提取研究结果的重要性以及在这一领域或背景下理解这一问题的意义 • 评估研究结果能在什么程度上被用作概论基础 • 评估方法论（如果相关） • 揭示研究潜在的相关性以及该研究在未来如何可以得到进一步的发展	• 简明地、准确地、完整地描述你的研究成果 • 准确无误地解释你自己的研究成果 • 合理地评估你的研究成果的重要性或相关性，并使你的读者明了 • 以批判的眼光评估你的方法，证明你知道哪些是起作用的或者哪些是没有达到预期效果的，发生这种情况的原因以及哪种方法更有效（如果相关） • 确认根据你的方法或研究成果怎样进行进一步的研究，或者是进入新的方向 对于艺术与人文学科来说，大多数的章节都包含讨论部分。每部分都对你的材料或观点进行分析
结论	• 整理总结研究结果、方法及重要性	• 了解需要包含哪些最重要的研究方面并进行简明总结 • 利用你之前提出的材料，合理地展示以上内容
建议	• 对于摘要中具有实际应用性的方面：根据研究成果拟出行动建议	• 根据研究摘要和你的研究结果产生合乎逻辑的建议 • 使你的建议尽可能针对客户的需求 • 根据问题在报告主体部分出现的顺序列出编号清晰的建议 • 结合情景提供合理可行的建议 • 明确所列建议的轻重缓急 • 继续遵守伦理准则 • 已经拟出了实施该建议会遇到的风险、成本或其他的困难

续表

方面	对于专业研究人员来说目的是	审查者希望看到你……
参考书目	• 提供用作课题背景的资料细节，不论是否在文章中引用	• 已经围绕课题进行了广泛的阅读并且你的阅读资料表明你对这一领域的背景知识有了很好的了解 • 通过报告的余下部分来表明你的知识和对该领域的理解是与参考数目保持一致的
参考文献	• 提供文中引用的资料细节	• 你自己的研究是以这一领域之前的工作成果为基础的 • 能够适当地利用他人的研究 • 能够准确地引用和参阅资料 • 指出哪些材料出自他人的研究 • 根据你的课程要求，按照规范使用参考文献
附录	• 要对那些一旦包含在报告主体中会妨碍读者正常阅读的内容提供辅助性的细节和资料	• 亲自执行该项研究，因为附录可能更易暴露抄录的数据和资料 • 准确地校对和解释数据 • 形成符合伦理准则和其他指导方针并且符合研究目的的资料

23.2 撰写：起始部分

引言

以章节划分的学位论文

在引言部分，你要撰写一份简明扼要的研究概要，提供研究的基本原理，说明研究的重要性、吸引力或相关性。给出背景知识，指出研究的关键主题，以及所包含的文献综述。

研究报告

撰写一份简明扼要的研究概要。简要地陈述你的研究主题或假设：你将要测试或证明什么？概述你做过什么，研究条件的数量和类型，你的样本的简要细节，结果是否有意义以及重要程度。用尽可能少的文字涵盖尽可能多的关键信息。

委托报告

若你的报告是由客户委托的，例如一家公司或机构，提供涉及以下内容的背景知识：

- 这个报告是由谁委托的以及原因
- 报告的范围：这份报告将会涉及什么内容
- 所有术语的定义

- 运用的方法
- 研究成果和建议的概要

文献综述

对于一些学科来说，这是引言的一部分；而对于其他的学科来说，它要作为一个独立的部分。不论哪种方式，都不要描述前人的研究的具体内容，而要着重于每一个文献对于你所研究的主题讨论的贡献。更多关于文献综述的写作细节请见第9章。

方法

在这一章节中，提供你获得和分析数据的细节。读者能够根据这个判断你的结果和结论是否有效。简明清楚且全面地介绍你的研究是如何实施的。根据你的主题，这部分可能包括你找到、筛选和分析资料的细节；研究条件的数量和类型；研究条件具体是什么；每一个的自变量和因变量；你运用的所有的统计学方法。如果你是复制之前的研究或者有意以不同的研究方法来处理先前研究中的数据，在撰写这部分的时候要注意。

在撰写方法这部分采用描述法，以正确的顺序给出精确的描述，例如：

1/3的X溶液加热至Y度。然后，加入40毫克的Z溶液。

参与者 如果你的研究涉及参与者或样品，要介绍你是如何选择这些参与者与样品以及所运用的研究方法论。提供关于样品的数量和特征的相关细节；有多少组以及每一组的特点，包括参照组。

材料 精确地描述在实验中或实地考察中你所使用的材料的数量和种类，及其独特的特征。如果相关的话，提供给予参与者的所有的说明或材料的简介。并提供一份副本作为附录。

结果或研究发现概述

在解释你的结果之前，简明扼要地总结你的研究发现。不要对结果进行深入的分析，只要陈述结果是什么即可。

对于文学、人文学科以及其他推论性研究来说，你的研究发现分析是大多数章节不可或缺的部分。

对于以科学、实验和数据为主的学科来说这就意味着要提供成果和研究数据概述。利用标题和表格在报告的主体或附录中清晰地对这些进行陈述。通常情况下，你应该用简短的文字段落和能够概括数据的表格和图表来提出研究成果。陈述这些内容是否支持这项研究假设，如果支持的话，有多大意义。

23.3 撰写：讨论和结论

讨论

这通常是一篇学位论文中最长的部分并且可能由多个章节组成。在这部分你要对你的研究发现进行批判性分析。

对于文学和人文学科来说，把这部分分成合理的章节（见上）。如果相关的话，把研究发现和你对研究结果的解释结合在一起。

你的研究发现告诉你了什么？

- 你的数据和研究发现意味着什么？
- 它们证明了什么趋势和模式？或者它们对一个事件或情况产生了什么新的启示？

研究发现与预想一致吗？

- 他们是你在研究之初所预期的吗？
- 研究发现与之前的理论和研究一致吗？如果不一样，是什么导致的？
- 你的研究发现有任何不寻常的地方吗？如果有的话，怎么解释这些不寻常？

你的研究成果的意义是什么？

- 你的研究成果的重要性和意义是什么？
- 你的研究如何扩展了已有知识？
- 它支持前人的研究吗？
- 它是否促进了我们对先前的研究或理论在某些特定条件下适用或不适用的理解？
- 它为进一步的研究提供可能的问题或途径了吗？
- 它为专业的实践提供了切实可行的方法了吗？

对你的研究进行批判性评论

- 回想，你的研究设计得正确吗？
- 你思考的问题是正确的吗？
- 研究设计能够被改进吗？
- 你的方法或样品中的不足或局限性可能会对研究成果有怎样的影响？
- 你的研究发现是否表明如果用不同的方法控制变量或采用不同种类的限定条件，将会对研究更有帮助？
- 如果研究假设不被支持，考虑为什么可能有这种情况。

结论

在这部分总结你的研究，陈述研究的重要性和你的研究成果。这些被概述在你的摘要之中并且在你的引言中写明。对一些学科来说，结论被归入了讨论部分。

如果需要一个单独的结论部分，你需要对你的研究发现、观察或判断进行整理总结。在这一阶段不要引入新的材料或文献。

建议

这部分通过提出具体的行动来提供方法。建议并不是所有学生任务中的固定一部分，主要在具有实际应用的项目中出现，例如与工作或客户相关的项目。

- 建议应该与研究摘要相关并且适于执行。
- 读者能够显而易见地判断出来建议是基于论据产生的，并非凭空捏造出来的良好意愿。
- 按逻辑顺序列出建议。
- 给建议标号。
- 把每一条建议与报告中相关的部分或页数相互对照以便读者能够清楚建议与研究发现有什么样的关系。

23.4 撰写:摘要和最后事项

摘要

通常摘要放在研究报告的前面，一般在目录页前，但最后写摘要最容易，最实用。因为读者参看一份研究报告或论文时最先看的就是摘要，它会告诉读者研究的内容，是否值得一读。摘要会向他人展示你的研究，为整个文章定好基调。

摘要一般要写好几稿。你需要让每一个字掷地有声。你要考虑选择什么材料，删除什么及如何组织内容。

包括什么

简要总结你的研究。清晰地陈述研究理由、研究范围、资料、研究方法和你的结论。对于实验性的研究报告，还要包括研究假设、所使用的方法、结果、结果是否支持假设和研究意义。

总结

对于一些课程，特别是委托的研究报告，你需要提供一份总结，而不是一个摘要。这可能比摘要的篇幅长，但遵循相同的基本原则。委托的研究报告包括你的结论和主要建议。

最后事项

下面的部分可以等到你研究的主体部分完成后再去完善。

目录

列出所有的章节和部分，包括附录和参考文献。提供对应的页码。

表格和插图列表

列出所有插图、图表、表格、地图等，提供页码。

参考文献

根据课程要求的格式，列出文章中所有引用的文献。

参考书目

如果需要，列出相关的阅读材料。

附录

提供重要条目使读者能够循着你的方法搞清楚你的分析。附录包括发给项目参与者的材料、数据库、表格和图表。

只涵盖你在研究报告中提及的条目即可。给他们提供精确的编号。

图表、图、表格

对于这些，要提供相应的：

- 一个标题，精确定义展示的内容
- 使用的测量类型和尺度
- 数据的来源（含日期）
- 精确标定的轴线
- 帮助读者理解的关键点

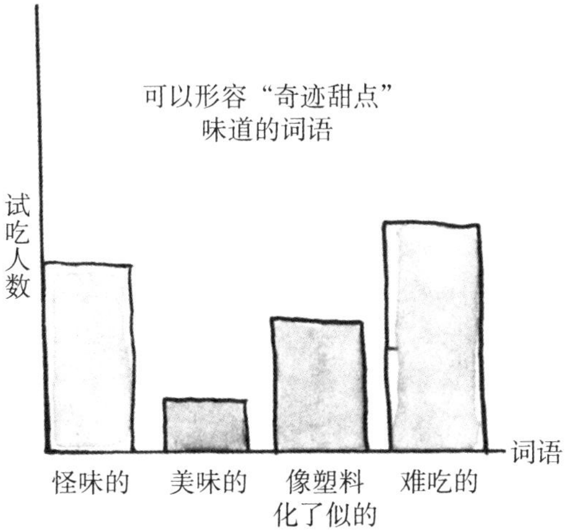

Jeevan一开始就建议老板放弃推出奇迹甜点

23.5 学生说:构建我的研究

我的导师说我的论文读起来像12篇独立的文章。每个章节我都努力地写好,可是我没把它们作为一个整体综合考虑。我对其他人的建议就是花时间搞清楚章节之间的联系。

相比于论文,我更习惯于写研究报告,因此写章节式的论文对我来说很难适应。我清楚地知道研究报告的每部分需要写什么。但是当我决定写成章节式的论文时,应该怎么写,甚至写多少章,我都不知道。我没意识到理清思路要花费多长时间,也没强迫自己按进度进行。真希望在我当时开始写之前多看看这类的论文。

我太着急写论文的讨论部分,所以前面的章节草草了事。讨论这部分写得的确不错,但是评审老师说他们看不明白前面的材料怎么引起这部分的讨论,这让我丢了不少分。回想起来,前几章我应该认真去写,才能为我的讨论打下坚实的基础。

我一直热爱写作,能写出一篇优美流畅的好文章是我深以为傲的事情。不幸的是,我花费太多的精力在这方面,没有充分地研究和思考我的材料。我的导师很快就挑出了我思维上的漏洞,尽管他也承认文章写得非常好。我渐渐认识到强有力的论点和可信的数据跟“讲一个好故事”同样重要——虽然后者是我喜欢做的。

对我来说,一切材料似乎都是相互关联的,很难分成章节。我的初稿只有几个很长很复杂的章节,我都觉得很难读懂。我在不同的章节和段落中反复提及同样的材料来彰显我能识别它们的联系。我的导师说,我在各部分之间做了很多有趣的关联,但她建议我不要这样做。她指出这会削弱整体的结构,使读者很难理清我的论点。

对我来说附录似乎不太重要——它们就好像是零零碎碎不知道放在哪儿的东西或是单单用来炫耀我掌握了多少数据。我没太在意我涵盖了多少、为什么或者怎么组织附录的。只在答辩阶段我才意识到这样做不妙。

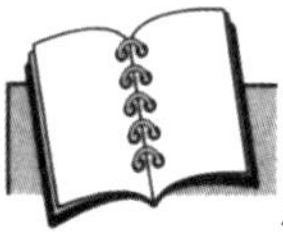

反思:构建你的研究

- 你能从这些学生的经验中收获哪些有关构建研究的见解?
- 你如何规划你的研究,实施你的想法?

23.6 结构——需要哪些部分？

对于以部分（而不是章节）划分的研究报告，确认哪些部分需要包括在报告中，每部分依照惯例分配多少字数，检查是否符合字数要求。

部分	是否包括？	分配字数	细节
摘要/总结	是/否		按照课程指示。
致谢	是/否		通常只有几行。
目录页	是/否		
图表列表	是/否		
引言	是/否		大约占5%~15%。总结研究。包括可应用的研究假设。
文献综述	是/否		取决于学科，通常占字数的15%。
方法论和方法	是/否		大约占15%，包括研究设计和研究条件。
• 材料	是/否		作为研究方法的一部分。不超过1%~2%。包括附录中的例子。
• 项目参与者	是/否		作为研究方法的一部分。确认参与人员的特性。不超过1%~2%。
结果/发现	是/否		通常很短——数值发现大约占5%，定性发现大约占10%~15%。
讨论	是/否		大约占35%~45%。
结论	是/否		需要的话，大约占5%~10%。
推荐	是/否		如果包括的话，不超过5%，减少其他部分的字数。
参考文献	是/否		不计入字数范围。
参考书目	是/否		不计入字数范围。
附录	是/否		形式取决于是否计入字数范围。
索引	是/否		一般不要求。
图表/表格	是/否		形式取决于是否计入字数范围。
总字数	—		

23.7 结构——哪些章节?

对于按照章节（而不是部分）划分的研究，定好主体部分包括多少章节，每章分配多少字数，总字数是否符合要求，随着你的研究不断更新计划。

部分	是否包括?	分配字数	细节,包括每章的名字
摘要/总结	是/否		按照课程指示。
致谢	是/否		通常只有几行
目录页	是/否		
表格图表列表	是/否		如果相关的话,包括其中。
第一章 引言	是/否		介绍研究背景,大约占10%~15%;包括文献综述、研究概论和使用方法。
第二章	是/否		
第三章	是/否		
第四章	是/否		
第五章	是/否		
第六章	是/否		
第七章	是/否		
第八章	是/否		
总结	是/否		大约占10%~15%。
参考文献	是/否		一般不计入字数。
参考书目	是/否		一般不计入字数。
附录	是/否		形式取决于是否计入字数范围。
索引	是/否		一般不要求。
总字数	—		
字数是否包括表格和图片中的字?	是/否		

第24章

调整你的写作

很可能你已经写完论文的一部分或所有部分。有些部分可能是完整的。然而，通常情况下，会有很多小问题需要进一步的调整修改。

改写和编辑

对于一篇文章的撰写和改写并没有固定次数的限制。修改到你对最终版本感到满意为止，或者是已经到了截止日期，你没有时间对文章进一步完善。当发现有问题的地方，改正或清楚地标记它们以便你日后做修改。

通读文章

在写作中，一个经常被忽视但却很重要的一点是，需要对前后几稿进行反复通读。

这需要：

- 阅读文章，检查你是否在规定字数内完成了任务——也就是你的文章简洁并且每一个字都很重要
- 了解文章的风格
- 清晰性、精确度和准确度
- 文章的含义和连贯性
- 文章的一致性

如果你有系统地反复阅读，每一次你都可能对文章做一些小的修改。你也许会发现，一方面的修改会导致另一方面进一步的改动：如增加一个段落完善了文章的内容、流畅性或一致性可能会产生材料使用的不平衡，或者超出字数限制。在规定的时间和字数内修改直到你的文章达到最佳平衡。

这样的调整需要你投入很多的时间，但是付出是有回报的。它需要高度集中注意力，很辛苦。所以要完成长期任务的话，你需要定时休息以便可以时时精力充沛地来审视你的研究。作为你研究项目的一部分，计划好充足的时间反复修改来完成你的作品。

调整和最后的检查

对待这样大型的任务，你需要额外认真地检查基本语法、拼写、排版错误、意外剪切、缺失的部分，以及任何由文字处理软件引起的意外和不正确的地方，如用同音词（there/their）或者罕见的替代词替代你预想的词。

如果你发现了错误，及时修改它们，免得以后忘记。不要等到你已经敲定了倒数第二稿的内容和措辞之后再花时间检查修改，这样是不值得的。

24.1 让每一个字都有意义

当你需要在规定字数内完成一份任务的时候，你需要充分利用有限字数。但结果通常是你会发现在有限字数内包含你想写的所有内容是件很困难的事情。

撰写一份长期任务的艺术就是找到方法，用尽可能少的字数表达尽可能多的信息。

为字数限制做好计划

应对挫折：做好准备不要被规定的字数挫败——通常一开始时字数看起来非常少，调整你的期望有助于减轻挫败感。

准备挑战：在你的研究中体现出广泛的背景阅读和你对研究发现详细的分析对你非常有利。找出方法在规定字数内做到这一点是很有挑战性的。规划好时间。

平衡“开头”和“结尾”的赘述

因为这项研究所要求的字数要远远高于以往的任务，因此在你研究的起始阶段，你似乎不可能针对一个相对来说这么小的话题写出那么多的内容。

通常，这会导致：

- 在你写的第一部分中出现赘述
- 之后为了加入其他材料，花费时间缩减字数
- 冒险决定省略重要的部分，而不是进行部分的改写

当你完成一稿，检查其冗长的部分，努力使文章以下各个方面达到平衡……

- 先后写好的部分
- 每部分或每章节的长度
- 整篇文章

应对字数限制

避免离题和轶事

几乎所有的研究者要不可避免地想要在文章中加入一些他们认为有趣的和“重要”的东西，但是，在实践中，这往往使他们的文章显得庞杂或冗长。做一个无情的编辑：如果文章的内容不相关，大刀阔斧地砍掉。

剪切

文笔简洁，写作时进行归纳和编辑——当问题出现的时候你就可以插入新的观点和参考资料。

选择参考文献

你不能在文章中的同一个地方引用所有相关的参考文献，因此在适当的地方简短地“提及参考文献”，来加强你的论点和展现你阅读的广泛度，如下面的例子：

这也可以通过对猩猩（Suarez，2011；Lim，2012），猴子（Williams，2008）

正确地使用它，不能仅仅流于表面。对专业术语的滥用和误用会轻易地毁掉一项研究。结果只能是使读者觉得你的研究思维混乱或有夸夸其谈之嫌，抓不住重点。

定义术语

当一个术语不仅仅有一个解释的时候，在你的文章中简洁明了地阐述他们。这种情况通常是一个词或术语本身有一个日常的含义，在这个学科领域中又有一个更加精确的定义。

精确使用代词和所有格

代词：如“他们”，“它”，“他”，“她”，“他们”

所有格：如“她的”，“它的”，“他的”，“他们的”。

如果不准确定义这些词可能会使文章含糊和混乱。尤其要从语序上检查他们的表达是否清晰，使用这些词时他们是否准确地指代了是什么或是谁。寻找更多潜在的具有解释性的词，如：

The shark tried to bite the boat but its thick metal hull prevented it from succeeding.

（鲨鱼想要咬那艘船，但是由于它厚厚的金属外壳并没有成功。）

动词主语

检查对于读者来说动词的主语是否明显（‘施动者’）。尽量让动词的主语靠近动词。如果你的句子包含了一些从句和代词，很可能“他”和“他们”指代不明。别让读者去猜。让动词的主语尽量靠近动词。例如，

Julie reported that she has a dog named Fifi. She likes to be taken for a walk twice a day, to chew bones and to have her tummy rubbed.

（朱莉提到她有一只名叫菲菲的狗，她喜欢每天都去散两次步，她还喜欢啃骨头和在她的肚子上蹭来蹭去。）

避免用指代其他内容的从句来隔离动词的主语。如果你这样做，读者可能会认为动词是用于修饰动词之前的名词。例如，

The beaker containing the ball, which was round and made of glass, was placed on the bench.

（烧杯里装着一个球，它是圆的，玻璃做的，放在板凳上。）

在这句话里，哪个是圆的，玻璃做的？是烧杯还是球？这两种解释都可以。

双层含义

写作时，我们往往只关注自己脑海中的意思。校对的时候，检查每个句子是否可能有多种解释，如：

I'm having a friend for lunch.

（我正在和一个朋友共进午餐。）

（我要跟一个朋友共进午餐。）

长而复杂的句子或段落

有时候需要使用长而复杂且包含很多从句的句子。然而，即使正确适度地使用这些句子，也会使读者在阅读文章的时候感到困难。尽量谨慎使用。

24.4 连贯性，一致性和清晰度

对于那些历时很久完成的长期任务来说，写作风格甚至一些核心论点会随着时间而变化。如果是这样，又不对文章进行修改的话，这些前后矛盾之处会使终稿缺乏连贯性，导致语义混乱。使用下面的一览表来解决问题。如果实现了请打☑。

连贯性和要点

通读文章，尤其要确保：

☐ 每部分都反复提及你的研究选题和（或）问题或假设

☐ 报告的所有内容都以研究选题为中心——确保没有包含有趣的离题内容导致跑题

☐ 类似的信息组合在一起

☐ 所有内容都用在最恰当的部分或章节

☐ 推理思路符合逻辑并且连贯

☐ 报告中每一部分的信息都相互支撑

☐ 每部分的观点不能与报告其他地方的观点或数据相矛盾

☐ 结论要提及研究问题或假设

☐ 如果你看待事物的观点随着时间而发生变化，对最后的立场进行解释，使其具有连贯性

☐ 使你在研究问题上的立场清晰明了：答案是什么/或研究假设是否得到了证实

语态一致

一旦你已经完成了所有的部分，并对文章的内容、连贯性和要点进行了改写，重新阅读全文查看风格是否具有一致性。检查：

☐ “一部作品”：文章读起来是否是一个整体

☐ “一个作者”：文章读起来是否像一个人所写

☐ 赘述：你是否有的段落冗长，有的段落简洁？

☐ 主动语态/被动语态：是否某些段落用主动语态来写（“他们这么做……”），其他的段落用被动语态来写（“这事是他们做的……”）？

☐ 段落长度：是否有些章节或部分包含一些短小精炼的段落或句子，而其他的则由一些较长的段落或是难懂的句子构成？

清晰度

☐ 专业知识：我对专业术语有很好的理解，并在需要的时候能够合理地使用。

☐ 专业术语：我已经解释了文章中使用的专业术语。

☐ 专门术语：我已经避免或删剪了文章中不必要的专门术语。

☐ 冗长的句子：我已经避免或改写了超长的段落或句子。

☐ 新鲜的视角：我写完一部分后至少放置几个小时后再重新检查。(这会给我一个崭新的视角重新阅读，并且注意到其中遗漏的词汇或组织不好的内容。)

☐ 精确：我以正确的顺序组织语言，准确表达我的想法。

☐ 双重含义：我检查所写的所有内容是否会有歧义，如果有疑惑的话，重新改写。

24.5　终稿:学位论文或报告

完成终稿之前请参考下列一览表，检查你的文章是否正确、全面地达到了以下的要求。如果达到了请打☑。

满足要求

☐ 满足任务摘要的要求。

☐ 忠实于拟定的选题(如果相关)。

☐ 不超过规定字数的5%。

☐ 按期提交。

通顺、精确、准确

☐ 总体上清晰易读。

☐ 已经检查了连贯性、一致性和清晰度 。

☐ 基本原理清楚明了。

☐ 文章标题措辞准确,清晰传递了论文或报告的内容。

☐ 摘要全面简洁。

☐ 文章的观点、立场和假设措辞精准。

☐ 读者对通篇文章中的主要信息理解清晰。

☐ 推理和观点强而有力,贯穿始终,具有连贯性。

☐ 准确阐述研究结果/发现。

☐ 说明了研究结论是否证实假设并阐述其意义所在。

☐ 文献综述展现了广度、深度以及与先前研究的相关性。

☐ 精确撰写研究方法,提供了简洁精确的细节。

☐ 借鉴先前的研究、理论和专业实践,报告批判性地分析了研究的结果、发现和方法。

☐ 结论阐述得清晰明了。

内容、结构和风格

☐ 包括了所有要求的段落。

☐ 包含的所有内容都相关。

☐ 所有材料均放在合适的部分或章节。

☐ 材料的组织和排序得当。

☐ 在每个部分或章节所使用的材料数量适当。

☐ 在整部作品中的不同章节、主题和论点,所分配的字数平衡。

校对和演示

☐ 确保已检查文章风格 。

☐ 检查每个句子、段落或是部分是否合理。

☐ 所有的章节、部分、附录和图表有清晰的标题和编号。

☐ 文内引用都包含在参考文献列表内。

☐ 引用的格式正确并检查其准确性。

☐ 确保已检查拼写。

☐ 确保已检查语法。

☐ 确保已检查标点符号。

☐ 确保已检查“打印错误”。

☐ 全文的附录和图标编码连续。

☐ 页码清楚。

☐ 目录也准确完整,包含页码。

☐ 如果需要的话,装订。

☐ 完成并附带所有必要的封面和诚信说明书。

第25章

答辩

答辩是什么?

答辩就是基于你的研究的口头考试。

硕士和本科阶段的答辩

在这两个阶段，每个学校对于答辩有不同的要求，不是所有的学生都要参加答辩或只有个别学生被选取参加答辩。

如果被选取参加答辩，原因可能有若干个。当然学生不会被告知具体的答辩原因。如果你被选中，可能是由于下列原因之一。

- 你的研究非常出色，或属于最好的行列。评审们希望通过提问检查，确定你真的独自完成了工作，并知其所以然。他们可能会祝贺你取得的成绩。也有可能是外聘评审老师希望通过审查优秀的学生从而对你所在的大学进行评估。
- 你的研究处于两个等级的边界，如良好和优秀，或及格与不及格。在这种情况下，答辩中良好的表现会使你获得更高的分数。
- 研究含混不清。你的研究的某些方面可能有些混淆或不清楚。在这种情况下，你要在答辩中对此进行阐释。

莉莉决心拼尽全力捍卫自己的论文!

- 记下评审者可能提问的问题答案。阅读几遍。

一般概述

答辩一开始，评审老师一般会问一些普遍性的问题。思考如何回答下列问题：

- 你的研究是关于什么的?
- 告诉我们你要做什么?
- 你为什么选择这个主题?
- 为什么选这个话题?
- 是什么激发了你的研究?
- 你为什么这样定义这个话题?

你对这个主题了解甚多，回答时很容易陈述过多的细节，特别是当你紧张时。让他人感受到你对研究的热情是好的，但是还是要为之后的问题留一些空间。

需要做的事情

- 准备一个简短的精心计划的概述来应对开场问题。
- 提前明确你要传达哪些主要信息。(有几点? 每一点想要表达什么?)
- 注意其他可能的问题，给评审老师提问的机会。
- 展现你对研究的热情和兴趣。
- 提供暗示：如果你认为你的研究某方面特别有趣，给评审老师暗示。他们会决定是否要进一步询问。

避免

- 太早给评审者提供大量的细节。
- 赘述你如何开始这一研究，例如从孩提时便感兴趣一直到现在完成作品。
- 过于简洁：彰显你的专长。

你对所在领域的了解

评审老师想明确确实是你自己完成了研究，答辩中会用如下方法检查。

- 询问你在文献综述中提到的材料。
- 检查你是否了解这个领域的专家。
- 听取你如何评价自己借鉴其他研究者的想法和方法，如发表的研究或其他学位论文。
- 关注你的研究方式和发现是否与这一领域的专家有联系。
- 关注你是否意识到你的研究与已经发表的其他研究一脉相承。
- 检查你是否理解在你的领域中使用的研究方法以及你是否有理由使用或改变这些研究方法。
- 询问具体问题。

需要做的事情

- 查阅你的文献综述。
- 浏览关键词，再次考虑它们的相关性。
- 总结你的研究对所在领域的意义。

25.3 可能的答辩问题

有关研究方法和结果的问题

评审老师可能要求你证明你的研究方法，并进一步提供细节。准备好应对类似的以下问题。

- 你为什么以这种方式收集材料？
- 你选择使用X方法论。告诉我们你为什么选择这种方法。
- 你怎么想出你的研究设计的？
- 你怎么着手收集材料的？
- 你如何选定样本的？
- 你为什么研究X而不是Y？
- 你考虑过研究X吗？
- 你认为你的样本足够大或是有代表性吗？
- 用这种方式处理材料是不是很困难？你是如何解决困难的？
- 你对能够收集到的材料、参与研究人员的数量和类型感到满意吗？

解释和结论

你对材料的阐释和所做的结论可能会让评审老师非常感兴趣。重新仔细地阅读那些部分，为你的结论和建议辩护。以你的研究发现为中心进行辩论，准备应对挑战性的问题，如下：

- 你论证X，但你有足够的证据证明吗？
- 你对X的论证我非常感兴趣。然而在这一领域中前沿的研究提出了完全不同的结论。告诉我们为什么结果有这么大的差异。
- 你的研究材料如何产生这样的结论我不是很清楚？能就此说明吗？
- 你论证X可以被实现，但会有什么风险吗？
- 我很喜欢你对XYZ的论证。然而，我确实对X有一个疑问。

可能的错误和遗漏

评审老师通常会挑出论文中的任意错误和遗漏。对容易出错的地方做好准备。

- 批判性地检查你已提交的论文，寻找潜在的错误。
- 提交论文之前或之后有些地方可能让你惴惴不安，做一个相应的列表。
- 想好应对列表中的每一项的对策，如果再做一次的话，会有什么不同。

25.5 准备答辩

完成终稿前参看这个一览表。在完成的那一项前打☑。

提前准备

- ☐ 通读我的作品。
- ☐ 识别哪些部分会受到质疑。
- ☐ 考虑应对之策。

为可能的问题做准备

- ☐ 思考列出的问题,做有备而战。
- ☐ 设想如果我是评审老师,会问哪些问题,做一个额外列表。
- ☐ 找出我认为最有可能提出的问题。
- ☐ 找出我最不想被问的问题。
- ☐ 针对上面两个问题,记下应对的要点。
- ☐ 思考答辩时我想参考谁的研究及如何参考。
- ☐ 提前演练如何回答我认为最难的问题。

记忆材料,清晰表达

- ☐ 准备一个研究概述。
- ☐ 简短总结我的研究对所在领域的意义(就方法或理论、知识、解释、应用等而言)。
- ☐ 演练我的总结,使其表达清楚准确。
- ☐ 列出我想传达的关键信息。做好编号。
- ☐ 让一位朋友或亲戚来检测我对问题的回答。要求明确的反馈。
- ☐ 针对复杂的答案进行练习。识别要点。做个列表并编号使其凸显。每个要点都命名或贴标签,加强记忆。
- ☐ 组织好材料,了解哪些材料是为哪些问题所用。
- ☐ 有效地组织材料使我更容易记忆。

开场准备

- ☐ 如果可能的话,了解评审老师的名字。
- ☐ 搜索评审老师信息,找出照片,使名字与照片匹配。
- ☐ 从其出版物或互联网了解评审老师的兴趣?
- ☐ 可能的话去考场踩点,了解路线和环境。
- ☐ 演练如何镇定入场。
- ☐ 通读我的作品。

实用性

- ☐ 带一款实用的表(或有类似功能的东西)。
- ☐ 提前应对可能的干扰。
- ☐ 告诉他人当天有重要事情,勿扰。
- ☐ 准备好随身携带的物品。
- ☐ 仔细准备我的行程。
- ☐ 带一份我的作品的复印件。

最后寄语

当一切成为完成时……

你的研究一定花了你大量的时间和精力，尤其是在最后阶段，你倾尽全力完成和调整研究报告或论文使其尽善尽美。你发现自己一直在期待着成功的这一天呢。

如果是这样的话，等到一切顺利完成的时候，你可能会觉得生活仿佛进入了一个空白期。你会感到厌倦，生活平淡，无聊。这种感觉不会持续太久，但是会出乎你的意料。你一直期待着周末的回归，可是现如今却又觉得无所事事，时间很难打发。

做好论文完成后的生活规划，安排具体的事情去做。不要以为你只想好好休息。去见一见许久未见的朋友，安排一些活动消耗你多余的能量。看看书或玩玩没时间玩的游戏，包括那些能够拓展你思维的东西。

为自己也为那些在你工作时帮助过你的人，安排一些活动当作犒赏。做一顿饭或请大家出去吃一顿。

从这次体验中获得最大益处

在你开始工作之前，你希望借这次研究来检测你具备的技能和能力，也希望不断发展和提升研究工作所需要的其他方面的能力。

如果你如前几章中提到的那样计划和组织了你的研究，你已经掌握了一些能够应用于其他情景的技能。很多技能正是雇主们要求毕业生具备的——如紧跟工作摘要、有创新性、独立解决问题、为结果负责、提出规划和项目管理。

想一想在研究工作中你提升的这些技能。趁着你对这个研究的记忆仍然鲜活：

- 记下你从中汲取了哪些经验
- 想想这些技能和能力还能应用到哪里——你要如何使其适应新的情景
- 想想在求职和面试的时候你将如何跟雇主描述这些技能和能力。

你想再来一次吗?

想想你是否很享受这次体验。如果是的话，将来可能有机会进行进一步的研究。这次研究可以作为一个研究基础，或是你目前职业生涯中的重要一步。在许多职业中研究都是一个重要的组成部分。你的学院或大学的职业服务中心能给你提供更多这方面的信息。

恭喜你……
任务完成了!

参考文献

A llen,G.(2011).*Intertextuality (New Critical ldiom)*.London:Routledge.

Atkinson,P.(1995). 'Some perils of paradigms'.*Qualitative Health Research* 5(10), 117-24.

Bell,J.(2005).*Doing your Research Project:A Guide for First - Time Researchers in Education,Health and Social Science*,4th edn.Maidenhead:Open University Press.

Burgess,R.G.(1984).*In the Field:An lntroduction to Field Research*.London:Routledge.

Cottrell,S.M.(2001).*Critical Thinking Skills:Developing Effective Analysis and Argument*,2nd edn.Basingstoke:Palgrave Macmillan.

Cottrell,S.M.(2013).*The Study Skills Handbook*, 4th edn.Basingstoke:Palgrave Macmillan.

Cottrell,S.M.and Morris,N.(2012).*Study Skills Connected:Using Technology to Support Your Studies*.Basingstoke:Palgrave Macmillan.

Culler,J.(1981).*The Pursuit of Signs,Semiotics, Literature and Deconstruction.* London and Henley:Routledge & Kegan Paul.

Dawson,C.(2012).*Introduction to Research Methods.A Practical Guide for Anyone Undertaking a Research Project*,4th edn.Oxford:How to Books.

Denscombe,M.(2007).*The Good Research Guide for Small - scale Social Research Projects*,3rd edn.New York:McGraw Hill/Open University Press.

Gadamer, H.G.(1990).*Truth and Method*,2nd rev.edn.New York:Crossroad.

Glaser,B.(ed.)(1995).*Grounded Theory,1984-1994*.Mill Valley,CA:Sociology Press.

Glaser,B.and Strauss,A.(1967).*The Discovery of Grounded Theory*.Chicago,IL:Aldine.

Greer,G.(2006).*The Female Eunuch*.London: Harper Perennial.First published 1970.

Hammersley,M.and Atkinson,P.(1983).*Ethnography:principles and Practice*.London: Tavistock.

Hart,E.and Bond,M.(1995).*Action Research for Health and Social Care- A Guide to Practice*.Buckingham:Open University Press.

Husserl,E.(1962).*ldeas:General Introduction to Pure Phenomenology*.New York: Collier.

Jakobson,R.(1980).*The Framework of Language*.Oxford:Oxon Publishing.

Kahneman,D.(2011).*Thinking,Fast and Slow*.London:Penguin.

Kristeva,J.(1980).*Desire in Language:A Semiotic Approach to Literature and Art*.New York:Columbia University Press.

Kuhn,P.(1970).*The Structure of Scientific Revolutions*,2nd edn.Chicago,IL:University of Chicago Press.

Kvale,S.(ed.)(1992).*Psychology and Postmodernism*.London:SAGE.

Leitch,V.B.(1983).*Deconstructive Criticism:An Advanced* Introduction.New York: Columbia University Press.

Levin,P.(2005).*Excellent Dissertations*.Maidenhead:Open University Press.

Lévi-Strauss,C.(1964).*The Raw and the Cooked* Paris:Plon.

Lewin,K.(1946). 'Action research and minority problems',*Journal of Social Issues* 2 (4),34-46.

Lovitts,B.E.and Wert,E.L.(2008).*Developing Quality Dissertations in the Humanities:A Graduate Student's Guide to Achieving Exellence*[*sic*].Sterling,VA:Stylus Publishing.Student edition.

Malinowski,B.(1922).*Argonauts of the Western Pacific*.London:Routledge & Kegan Paul.

Malinowski,B.(1935).*Coral Gardens and Their Magic:A Study of the Methods of Tilling the Soil and of Agricultural Rites in the Trobriand Islands*.London:Routledge.

Mead,M.(1928).*Coming of Age in Samoa:A Psychological Study of Primitive Youth for Western Civilisation*.New York:William Morrow.

Minsky,R.(1998).*Psychoanalysis and Culture:Contemporary States of Mind*.Cambridge: Polity Press.

Moi,T.J.(1985).*Sextual/Textual Politics:Feminist Literary Theory*.London:Methuen.

National Research Ethics Society (NRES)at:www.nres.npsa.nhs.uk.

O'Dochartaigh,N.(2012).*Internet Research Skills*,3rd edn.London:SAGE.

Orna,E.and Stevens,G.(1995).*Managing Information for Research*.Buckingham:Open University Press.

Pears,R.and Shields,G.(2013).*Cite Them Right:The Essential Referencing Guide*,9th edn.Basingstoke:Palgrave Macmillan.

Pring,R.(2000).*Philosophy of Educational Research*.London:Continuum.

Saussure,F.de(1998).*Course in General Linguistics*,translated and annotated by R. Harris.Chicago:Open Court.

Spradley,J.P.(1980).*Participant Observation*.New York:Holt,Rinehart & Winston.

Strauss,A.and Corbin,J.(1990).*Basics of Qualitative Research:Grounded Theory. Procedures and Techniques*.Thousand Oaks,CA:SAGE.

Strunk,W.Jr and White,E.B.(2008).*The Elements of Style*,50th Anniversary edn. Needham Heights,MA:Pearson Education.

Swetnam,D.and Swetnam,R.(2010).*Writing your Dissertation*,3rd edn.Oxford:How to Books.Thomas,G.(2009).*How to Do Your Research Project*.London:SAGE.

Thorne,R.(2013). 'Smart Ideas for Effective Studying' ,*The Independent*,17 January 2013,pages 2-3.

Walters,M.(2005).*Feminism:A Very Short Introduction*.New York:Oxford University Press.Woods,P.(2006).*Successful Writing for Qualitative Researchers*,2nd edn.London: Routledge.